中國近北極民族研究
啟先題

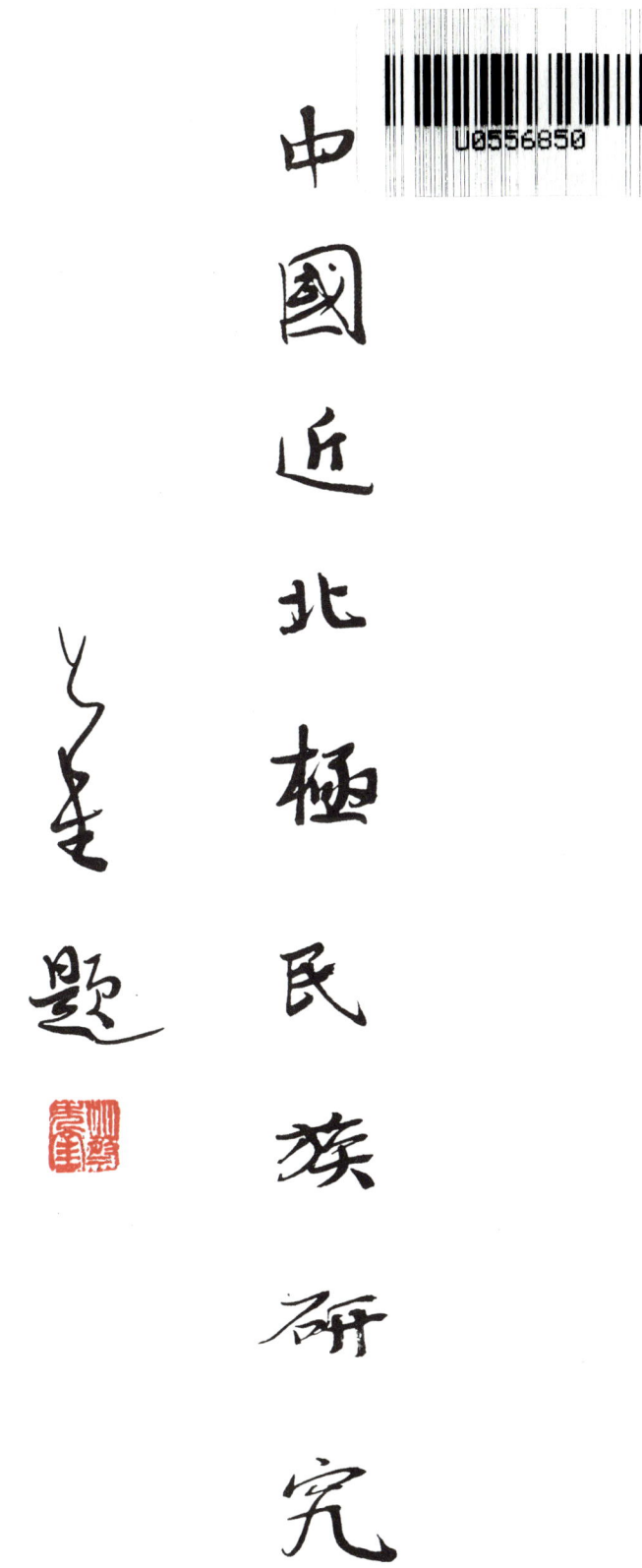

近北极民族研究丛书

编委会

主 编 曲 枫

编委会成员（按姓氏音译排列）

白 兰　崔向东　范 可　高丙中　郭淑云
何 群　林 航　刘晓春　纳日碧力戈
潘守永　祁进玉　曲 枫　色 音　汤惠生
唐 戈　许永杰　杨 林　张小军

近北极民族研究丛书

主编 曲枫

鄂伦春族风俗概览

关小云 高文丽 | 著

上海三联书店

本书得到聊城大学冲一流学科（区域国别学）经费资助。

近北极民族研究丛书总序

依据地理学理论,北极地区指北极圈(北纬66°34′)以北至北极点之间的广大区域。然而,从文化上的一般性表述来说,北极概念又往往超出这一范围,这是因为它不单单是一个地缘概念,还具有包含生态性、历史性和文化性因素在内的文化地理意义。首先,北极并非是静止的地理板块,其苔原与针叶林的界线历史上随气温的变暖或变冷上下波动,北极人类历史上处于不断地流动与迁徙过程之中,其文化生态一直处于变化和非稳定状态。其次,北极人类与环境生态之间的互动有着上万年的时间深度,北极文化生态体现了人类对寒冷环境的高度适应性。其三,在对特殊环境的适应中,北极人类形成了独特的生计方式与民族文化。

据约翰·霍菲克尔的《北极史前史》,人类在7000年至15000年之间开始在北极地区定居、繁衍生息①,渐渐形成了今天的北极民族。当今北极民族包括北欧的萨米人(Saami),阿拉斯加、加拿大和格陵兰岛的因纽特-阿留申人(Inuit-Aleut),阿拉斯加与加拿大的印第安人以及俄罗斯西伯利亚的数十个原住民集团。引人注意的是,与俄罗斯、蒙古交界的中国北方少数民族与以上所述北极民族在生存环境、生态系统、生计方式、生存策略、艺术与物质文化、仪式信仰等诸多方面都有着

---

① 约翰·霍菲克尔. 北极史前史. 北京:社会科学文献出版社,2020年,第10页,本书是聊城大学北冰洋研究中心"北冰洋译丛"系列推出的第一本译作。

强烈的相似性,其中许多民族本身还属于跨境民族,与西伯利亚高纬度地区以及该区域民族有着密不可分的历史关系。由于国际社会对北极国家的认定仍然采用了地理学概念,中国政府则在2018年1月颁发的《中国的北极政策》白皮书中将我国定义为"近北极国家"。按照这一表述,我们有理由将有关的中国北方少数民族称为"中国近北极民族"。这一概念强调北极的文化概念,将中国近北极民族视为北极文化圈的重要组成部分。同时,这一概念的建立可以帮助我们将对上述中国境内民族文化的研究纳入国际北极原住民研究的大框架中,从而构成中国在北极人文社会科学研究方面与世界对话的基础。

北极圈之内的陆地大体为苔原覆盖,而苔原与其南端泰加(taiga)针叶林的交界线基本在北纬66度线上下波动。环境意义上的北极既包括以苔原为特征的生态系统,也包括以泰加林为特征的次北极(subarctic)生态区域。北极与次北极生态系统以永久冻土(permafrost)、低温、冰川(glaciers)、特有的动物群(包括陆地和海洋动物)和植物群为特征。这些环境特征构成了北极民族生存的生态情境与地理景观。

北极民族的生计方式主要有三种。一是海猎,是俄罗斯楚克奇半岛、阿拉斯加、加拿大和格陵兰的爱斯基摩人(包括阿留申人)的传统生计方式。二是驯鹿放牧。驯鹿民族全部生存在欧亚大陆上,包括西伯利亚东北部的内地楚克奇人和内地科里亚克人,北欧斯堪的纳维亚半岛北部的萨米人,以及大陆中部的埃文人(Even)、埃文基人(Evenki)、涅涅茨人(Nenets)以及北方雅库特人(Yakut)等。三是人类历史上最古老的采集-渔猎经济。此外,一些北极民族如布里亚特人(Buryak)和雅库特人等还从事半定居的游牧业,放养的动物为牛、马、鹿等。引人注意的是,所有的北极民族都有着或轻或重的狩猎和捕鱼经济成分,这是他们适应北极环境的重要生计特征。

中国北方少数民族如达斡尔、鄂伦春、鄂温克、赫哲、满族、锡伯族、布里亚特等民族生存在属于次北极生态系统的泰加林以及森林边缘地带,不仅在生存环境上与北极民族类似,在生计策略上与上述北极民族也极为一致。如中国鄂温克人与俄罗斯境内埃文基人同族,传统上同萨米人、楚克奇人、埃文人、涅涅茨人一样以牧养驯鹿为文化特色。至今，敖鲁古雅的使鹿鄂温克人仍然饲养驯鹿，他们在大兴安岭地区的放牧历史已达300年之久。鄂伦春族在历史上也牧养驯鹿，17世纪中叶迁至黑龙江南岸后因新的居住环境缺乏苔藓而放弃驯鹿，改以狩猎为主要生计。在鄂伦春语言中，"鄂伦春"一词即包含两种含义，一种为"山岭上的人们"，另一种为"使用驯鹿的人"。

赫哲族与俄罗斯境内的那乃人同为一族，主要分布在黑龙江、松花江与乌苏里江的交汇之处，即三江平原，以及完达山余脉。传统经济依赖捕鱼与狩猎，饮食以鱼肉、兽肉及采集的野生植物为主。赫哲人喜穿鱼皮服饰，以桦皮船为夏季捕鱼用交通工具，冬季则使用狗拉雪橇旅行，其水猎生计方式、鱼皮文化与爱斯基摩文化有许多相似之处，体现了在高纬度寒冷环境中的适应性生存智慧。达斡尔族也是中、俄跨境民族，生存环境为森林边缘的林地草原地带，传统上依赖农牧渔猎多元混合经济，由于森林生态恶化，现以农业经济为主。其经济方式的变迁轨迹与西伯利亚的南部雅库特人有很多相似之处。居住于内蒙古呼伦贝尔的布里亚特人属于中、俄、蒙三国跨境民族，虽然其生计策略以畜牧经济为主，但同时有着鲜明的与北极民族一致的狩猎文化特点。

中国近北极民族的社会组织与北极民族一样，以氏族社会为特征。如史禄国在研究通古斯社会组织所阐述的那样："氏族是一种社会形态，没有这种社会形态，保持通古斯自己复合的通古斯氏族单位就不能存在，因为它形成了整个通古斯社会组织的基础，并由自我繁衍和生物学要求而体现出来。"[①] 毋庸置疑，氏族组织是北极民族与狩猎、游牧等生计方式与文化生态相适应的结果。此外，中国近北极民族与北极民族的传统信仰为萨满教，其神灵系统、仪式特征、萨满产生方式、萨满教社会功能等诸方面均有高度的一致性。中国近北极民族的萨满教信仰显然是西伯利亚－北极萨满文化圈中不可分割的一部分。

中国北方民族与北极民族在文化、社会组织与宗教艺术传统等方面的一致性已引起了有关中国学者的强烈关注。内蒙古社会科学院的

---

① 史禄国.北方通古斯的社会组织.呼和浩特：内蒙古人民出版社，1985年，第184页.

白兰研究员在多次会议演讲中,极力主张将鄂伦春族与鄂温克族称为"泛北极民族"。如她在2019年12月于黑龙江大学召开的"首届东北亚社会文化论坛"上发言所说:"我们在研究通古斯诸集团时,从接壤的地缘、类似的文化模式、相近的体质特质,可以互通的语言选择,就以学术的视野俯瞰和贯穿了中国置身北极地区的必然——我们以文化与北极相连。2008年,中国敖鲁古雅使鹿鄂温克加入世界驯鹿养殖者协会(这是北极理事会中的三个非政府组织之一)。我们的文化优势是敬畏自然而遵从自然,这是泛北极地区诸族,包括中国的鄂伦春族、鄂温克族、赫哲族等共同的文化理念,在北极治理中有着与工业文明不一样的独特方式。"①黑龙江大学唐戈教授也在近期发表的论文中提到:"北极地区原住民文化包括渔猎、饲养驯鹿、生食动物(特别是内脏)、圆锥形帐篷、小集群(相比农业社会的村庄)和游动性、萨满教等多个基本特点。那么在中国,与这种文化最接近的民族就是鄂伦春族、赫哲族和一部分鄂温克族,其中鄂温克族又包括驯鹿鄂温克人和一部分索伦鄂温克人。"②

中国近北极民族历史上一直处于迁徙流动之中,与西伯利亚高纬度地区以及该区域民族有着密不可分的历史关系。因而,中国近北极民族的历史构成了西伯利亚北极民族历史不可分割的组成部分。鄂伦春、鄂温克、赫哲人与俄罗斯境内的埃文基人、那乃人同属北通古斯语族集团,主要居住在叶尼塞河、勒拿河和黑龙江三大流域。史禄国认为,尽管北通古斯人居住的地域辽阔且居住分散,但他们所有的方言都有着密切的联系,因而很可能有着共同的起源。③

综上所述,将中国近北极民族研究纳入北极文化研究的大框架中是十分有必要的,这样可以使我们得以在国际视角中考察中国近北极文化。文化特殊性存在于世界的各个角落,但是没有独立于国际学术

---

① 白兰. 他者我者的鄂伦春一百年——围绕史禄国《北方通古斯的社会组织》而论. 2019年12月21日"首届东北亚社会文化论坛"发言稿.
② 唐戈. 中国近北极民族北方通古斯人及其文化变迁. 北冰洋研究集刊第一辑. 北京:社会科学文献出版社,2019年,第122—123页.
③ 史禄国. 北方通古斯的社会组织. 呼和浩特:内蒙古人民出版社,1985年,第221页.

领域之外的特色研究。无论是本土化的人类学还是民族学，它们都应该是世界性学术建构的组成部分。既然我们将中国近北极民族研究与国际上的北极民族研究连接，我们就必须意识到，中国的人文社会科学知识生产应该是国际知识体系中必不可少的一部分。基于这一思考，聊城大学北冰洋研究中心计划与上海三联书店合作推出"中国近北极民族研究丛书"。

聊城大学北冰洋研究中心是目前国内唯一的以北极人文社会科学为研究对象的学术机构，于2018年3月在时任校长蔡先金先生的大力支持下成立。成立之后，中心很快建立起一支由国际、国内学者组成的研究团队，与国际上多家北极研究机构建立了学术合作关系。中心研究人员代表聊城大学多次参加国际上的各种学术活动，中心已成为国际北极研究领域的重要力量。2020年2月，中心代表聊城大学加入国际北极大学联盟。

中心于2019年始创办了《北冰洋研究》集刊，同时与社会科学文献出版社合作推出"北冰洋译丛"出版系列。以上成果与即将出版的"近北极民族研究"丛书一起必将为中国与国际社会在北极研究上的合作贡献力量。

感谢上海三联书店对这一出版计划的全力支持。感谢付出辛勤劳动的丛书编委会成员、各位作者、各位编辑。中国北极人文社会科学学术史将铭记他们的开拓性贡献和筚路蓝缕之功。

蔡先金先生虽已调离聊城大学至山东省政府重要岗位上任职，仍时时关心北冰洋研究中心的建设与发展。在得知"近北极民族研究"丛书出版事宜之后，先生应邀欣然为丛书题字。我们在此深致谢忱。

曲 枫
2020年6月26日
于聊城大学北冰洋研究中心

目 录

序 ··· 001

第一章　行为道德

反抗与斗争 ··· 003
伦理、道德及行为规范 ·· 007
吉祥物与不祥之物 ··· 017

第二章　生产与生活

房屋建筑 ··· 023
渔猎生产 ··· 027
独特的饮食 ··· 036
"悠车"的造型艺术 ··· 049
桦树皮制品 ··· 052
精美的狍皮服饰、用品及家庭手工业 ··· 062

第三章　民间文学和传统艺术

传说、故事 …………………………………………… 081
寓言、笑话、童话、神话、谚语、谜语 ………………… 086
音乐、舞蹈 …………………………………………… 101
刺绣、剪纸、雕刻艺术 ………………………………… 105

第四章　宗教信仰

萨满及其服饰和用具 ………………………………… 113
神偶、神像与萨满祭礼 ………………………………… 121
占卜与崇拜 …………………………………………… 131
几种祭祀 ……………………………………………… 146
各种神的名称及作用 ………………………………… 149
天文与星系 …………………………………………… 149
招魂 …………………………………………………… 151
"玛路"神灵的位置 …………………………………… 152
萨满教对鄂伦春族文化的影响 ……………………… 153

第五章　卫生、体育和游戏

中草药的妙用 ………………………………………… 159
动物类中药的应用 …………………………………… 165
体育项目溯源 ………………………………………… 169
儿童的几种游戏方法及其玩具 ……………………… 175
棋类游戏——下"章跟班弟" ………………………… 179

第六章　节庆、节气、婚姻和丧葬

节庆习俗 ································ 183
节气习俗 ································ 187
婚姻习俗 ································ 192
丧葬习俗 ································ 199

第七章　禁忌、习惯法

禁忌 ···································· 215
习惯法 ·································· 217

第八章　民间风俗传说

习惯的来历 ······························ 225
民间传说 ································ 229

第九章　民俗文化旅游

十八站鄂伦春民族风情园 ·················· 235
十八站鄂伦春民俗馆 ······················ 236
十八站"萨满圣山"（萨吉满圣山） ········ 237
岭上人博物馆 ···························· 238
白银纳乡民族特色村寨 ···················· 239
鄂伦春民俗文化展馆 ······················ 240

拓跋鲜卑民族文化园·················· 241
库图尔其广场······················ 242
鄂伦春乌力嫩······················ 243
多布库尔猎民村···················· 244
鄂伦春风情度假村·················· 244
"雪山来客"牌野猪肉系列产品········· 245
鄂伦春博物馆······················ 247
鄂伦春冰雪伊萨仁·················· 248
博奥韧广场和原始部落景区·········· 249
奥仑公园·························· 251
鄂伦春民族博物馆·················· 253

参考文献·························· 254
后记······························ 255

序

1994年我读硕士期间，有幸获得了关小云女士的赠书《鄂伦春族风俗概览》，该书于1993年12月印刷。1998年我博士毕业那年，关小云女士的又一力作《鄂伦春族萨满教调查》一书出版发行。此后，我便成为她的忠实读者和粉丝。

对她身上的多重社会角色充满敬意：作为鄂伦春族，她通过各种形式宣传鄂伦春族狩猎文化，比如创办鄂伦春族民间文化研究基地，录制各类视频和节目，呼吁社会各界关注濒危文化的挖掘与抢救；作为学者，她著书立说，从1993年第一本著作出版开始，关小云的创作热情一发而不可收。《鄂伦春族萨满教调查》、《大兴安岭鄂伦春》、《鄂伦春族简史》（合作）、《中国鄂伦春族》、《鄂伦春族萨满文化遗存调查》（合著）、《鄂伦春族文学研究》（合著）等一系列优秀作品相继问世；作为黑龙江省鄂伦春族非遗传承人，她不遗余力，积极主动传授刺绣技艺，为鄂伦春族年轻人创造机会和平台。作为黑龙江省作家协会会员，她喜欢文学创作、喜欢写散文和美篇；作为黑龙江省鄂伦春民族研究会秘书长、黑龙江省民间艺术家协会理事、中国社会科学院客座研究员，她把自己的整个生命都融入在弘扬和传承民族文化的事业中。

2020年第七次人口普查统计，全国有鄂伦春族9168人。鄂伦春族只有语言，没有文字，民族传统文化的传承主要靠口传身授，传统文化流失严重。因此，加强鄂伦春族传统文化的挖掘与抢救工作意义重大。在长期的狩猎采集活动和社会实践中，鄂伦春人创造了丰富多彩的民族文化,而传承者和研究者如何诠释这一物质和精神的内在力量至关重要。

关小云女士说得最多的一句话是:"身为鄂伦春人,有责任、有义务肩负起弘扬和传承本民族文化的历史重任"。这部即将出版的《鄂伦春族风俗概览》是她多年来的学术研究成果,是全方位、多视角展示鄂伦春族文化、宗教、语言、自然风貌的窗口,是她那一代人给这个时代留下的珍贵文献和理论探索。

关小云女士出生于1958年,吃苦耐劳、好学上进、富有社会责任感是他们那一代人的标签和特点。无论是担任教师期间,还是从事行政工作期间,她总是主动到鄂伦春老人的家里拜访、请教,记录聊天中的每一个精彩瞬间。加上关小云豁达开朗的个性,极具亲和力的外表,使她在很短的时间内,掌握了大量关于鄂伦春族历史文化、历史事件和历史人物的第一手资料,为她后来的撰写工作打下了坚实的基础。

关小云不仅是鄂伦春族的专家学者,有着"鄂伦春萨满研究第一人"的称号,而且,她也是一位出色的中国北方民族学专家。她爱自己的民族,更爱自己的祖国。几十年如一日,坚持田野调查和写作研究,让"云端"的学术和大地握手,向世界讲述中国故事,述说鄂伦春族的历史、现在和未来。热带雨林有它的丰富和艳丽,沙漠戈壁有它的遥远和冷峻,江河海洋有它的博大和深沉,草原丘陵有它的深情和豪迈,兴安岭的森林有它的坚毅和夺人之美。关小云女士那份坚韧不拔、热情洋溢的精神以及源源不断的创造激情,让我看到了一位鄂伦春族优秀学者对本民族文化的坚守和对他者文化的欣赏与包容。

全书共分九章,每一章都展现了鲜明的主题。第一章描述了鄂伦春族反抗外来压迫的历史和不屈的民族精神,阐释了森林民族的宇宙观和价值观。第二章生产与生活,主要呈现了鄂伦春族的传统建筑造型与生产方式特点,以及桦树皮工艺品的设计与内涵,特别是鄂伦春族的服饰文化精彩呈现。第三章民间文学与传统艺术,展现了鄂伦春族的神话故事与传说,音乐与舞蹈让我们听到了山谷的回音,感知世间万物的连接是如此奇妙和难分彼此。第四章宗教信仰,鄂伦春人信仰萨满教,萨满文化渗透到他们生活的各个方面,包括生产、生活、道德、思维方式、风俗习惯等。第五章卫生、体育和游戏,为在山林中游猎的鄂伦春人增加了无穷的乐趣。第六章节庆、节气、婚姻和丧葬,传统篝火节的重构,丧葬习俗的独特与神秘,诠释了鄂伦春人与大自然融为一体的生态理念。第七章禁忌、习惯法,来自于信仰和道德的自律。定居以前,鄂伦春人就是靠习惯法管理社会生活、维护社会秩序和调整社会成员之间的关系,把族内事务管理得井然有序。第八章民间风俗传说,一切行为和目的,都是建立在万物有灵的虔诚信仰中。第九章鄂伦春族文化与旅游的融合,成就了兴安岭诗和远方的相遇。

《鄂伦春族风俗概览》涵盖了鄂伦春狩猎文化的方方面面,关小云女士用自己坚实的鄂伦春族语言功底,深入的田野调查,孜孜不倦地研究和探索,把鄂伦春族古老的历史,璀璨的文化,独特的宗教等全面、生动地展现在读者面前,从道德、美学、饮食、服饰、宗教、音乐等方面阐释了北方森林文化的时代价值。相信每一位读者捧起这本书,都会进入到一个宏大丰富的精神盛宴之中。

刘晓春
2022 年 3 月 10 日
于中国社会科学院民族学
与人类学研究所

第一章　行为道德

反抗与斗争

黑龙江流域是鄂伦春族的历史摇篮。据史料记载,鄂伦春族最先居住在黑龙江以北、外兴安岭以东的广袤地区。17世纪中叶以后,由于沙俄帝国主义者的侵略袭扰,他们不得不逐步南迁到大、小兴安岭地区。

鄂伦春族人民世世代代在林海雪原中生活,守卫着祖国的北部边疆,为祖国的安宁与发展贡献了自己的一切。他们能骑善射、勤劳勇敢、不畏强暴和勇于反抗压迫和入侵,是祖国民族大家庭中英勇的一员。

清康熙年间,统治者将鄂伦春族划归布特哈总管衙门管辖,将其分为"摩凌阿鄂伦春"(骑马的鄂伦春人)和"雅发罕鄂伦春"(步行的鄂伦春人)两部分。后者分设5路8佐,每佐设佐领一人领导;官府派"安达"去管理和征收貂皮。光绪八年(1882),清廷设兴安城总管衙门,专管鄂伦春族事务。在其10名副总管中,有鄂伦春族8人。光绪十九年,兴安城总管衙门撤销,但仍为清朝统治者服兵役和贡纳貂皮。编入布特哈八旗的官兵,被清朝统治者驱使到新疆、云南、台湾等地长期征战。

(一)长期以来,鄂伦春族与祖国各民族人民一起,进行了不屈不挠的反帝反封建斗争。特别是在维护祖国统一、反抗外敌侵略的斗争中,作出了自己的贡献。

17世纪中叶,沙俄入侵我国黑龙江流域,鄂伦春族地区横遭蹂躏,人民惨遭杀害。沙俄的暴行,激起了鄂伦春族人民的极大愤慨,他们和东北各族人民一道奋起抗击沙俄入侵者,"击杀罗刹"(即沙俄侵略者)甚众。据有关资料记载,"康熙二十二年(1683年),居住在牛满江流域奇勒尔氏族的奚鲁噶奴等人,杀十罗刹,并其妻子来归"。居住在精奇里江的朱尔锵格等人也杀五罗刹,并获其鸟枪来报。康熙二十四年(1685年),"无底儿河罗刹鄂依多里,遗罗刹宜备等四人,来诱鄂伦春之立克顶格",而立克顶格不但没有受骗,反而将这4个罗刹俘获送交清政府,清政府对"立克顶格等,所司照例奖赏"。"1685年(清康熙二十四年)6月23日,第一次雅克萨反击战打响,鄂伦春族565名健儿参加了战斗,并在战斗中'颇称勇敢'立下了战功"[1]他们积极运送物资、当向导、侦察敌情,甚至参加战斗。八旗军队中的鄂伦春族官兵,曾多次直接参加反击沙俄侵略者的战斗。在两次收复雅克萨城之战中,鄂伦春族军民都作出了突出的贡献。

至今,在鄂伦春族地区仍流传着茨尔滨莫日根[2]的动人故事。他勇敢、善射,尊老爱幼。他与美丽、贤惠的妻子吴妮花双双从军,前往雅克萨驱赶"罗刹"。《魏加格达汗和孟沙雅拉汗》[3]也是发生在那时的传说,他们为保卫家乡精奇里江而英勇斗争,从一个侧面反映鄂伦春族热爱祖国,保卫祖国边疆的爱国主义精神。

关于鄂伦春族官兵征战的事例很多,例如:为了边境的安定,清政府还曾多次征调鄂伦春族兵丁巡边征战。雍正十年(1732年),抽调鄂伦春族259名,同达斡尔、鄂温克族士兵共3000人,在呼伦贝尔的济拉嘛泰河河口设城驻防。乾隆三十四年(1769年),清朝政府曾调鄂伦春官兵300名赴缅甸征战。

乾隆五十六年(1791年),鄂伦春士兵随同参赞大臣海兰察远征西藏和台湾。

咸丰九年(1859年),由于沙俄不断侵扰,烧掉了中国在乌噜苏牡丹的卡房,清政府立即"将鄂伦春族500壮丁收罗团聚,分部要隘"。

同治十三年(1874年),库玛尔路协领的公文中记载,有将军富明阿奉命率鄂伦春500人,剿捕吉林马贼。

---

[1] 王兆明.新生鄂伦春族乡志.哈尔滨:黑龙江人民出版社,2003:13.
[2] 黑龙江民间文学.第11集.哈尔滨.中国民间文学研究会黑龙江分会(内部资料),1984:120—128.
[3] 隋书金.鄂伦春族民间故事选.上海:上海文艺出版社,1988:34.

光绪元年(1875年),黑龙江将军丰绅将鄂伦春500壮丁编成枪队,每年三月集中操练,以备征战,保卫边疆。

据《鄂伦春民族简史》中记载:清政府曾派800名鄂伦春人去新疆伊犁地区平息叛乱,因作战及途中患传染病,最后只有8人生还。

光绪二十年(1894年),中日甲午战争爆发,清政府又从毕拉尔路调鄂伦春族200多人参加战斗。

光绪二十六年(1900年),沙俄又出兵大肆向东北三省侵犯,黑龙江城副都统凤翔便遗库玛尔路协领寿廉"带领鄂伦春族马队官兵500人与俄交战,颇称勇敢",再次给沙俄侵略者以迎头痛击。沙俄侵略者对黑龙江的金矿等矿藏资源垂涎三尺,经常偷越边境掠夺开采,也受到鄂伦春族士兵的围巡打击。因"惧鄂伦春人,乃遗其国最勇之哥萨克兵一千人来剿之。不半年,死八进,俄人乃深惊鄂伦春之雄强嫣"①。

在沙俄帝国主义者制造的震惊世界的"海兰泡惨案"和"江东六十四屯惨案"中,当地的汉、满、达斡尔和鄂伦春民族都惨遭血腥屠杀,血水染红了黑龙江水。鄂伦春人出动马队抵抗,因寡不敌众,伤亡甚重。

由此可见,鄂伦春民族是勇敢、坚强、富于反抗的民族。他们与祖国同呼吸、共命运。一个人数并不多的民族,当祖国需要时,却能挺身而出,宁死不屈,勇敢战斗,同各兄弟民族人民一道为巩固祖国边防和维护国家的统一做出历史性的贡献。

(二)鄂伦春族人民进行了长期反对封建统治和民族压迫的斗争。

清初,娴于骑射的鄂伦春族被编入八旗军,起初定为500名。光绪六年(1880年)增至1000名。沉重的兵役负担使"鄂伦春牲丁困苦","生业维艰"。鄂伦春族士兵"自编旗充差后,纷纷逃避"兵役。清制规定,鄂伦春族士兵每年要定期操练。士兵们在操练中备受清朝军官的欺凌和虐待,常起而反抗,直至组织暴动,使统治者感到"殊属可虑",不得不解散兵营,让鄂伦春族士兵还家。

鄂伦春族士兵每人每年要向朝廷贡纳貂皮一张。清朝派去征收貂

---

① 〔日〕浅川四郎,永田珍馨著,赵复兴译.兴安岭之王——使马鄂伦春.呼和浩特:内蒙古文化出版社,1999:4.

皮的"安达"乘机肆意勒索,鄂伦春族人民受制甚苦,起而反抗。斗争的结果是清朝统治者于光绪二十年(1894年)取消了贡貂制度。

1923年,大兴安岭呼玛尔河流域的奸商勾结军阀、官僚仗势勒索鄂伦春族人民,肆意抢掠他们的马匹、枪支和猎产品,甚至夺走他们的妻女。鄂伦春族人民纷纷进行"反奸商"斗争("刚通"事件),参加这次斗争的群众达300余人。他们杀死奸商30多人,最后迫使商会减免猎民所欠债务,取得了斗争的胜利。

抗日战争时期,鄂伦春族人民的英雄儿女积极参加东北抗日联军。当时,在抗日联军北满三、六、九、十一军中,都有鄂伦春族子弟,其中第六军约有40余人。为了共同抗日,民族佐领盖山与东北抗联王明贵、陈雷领导的队伍,结拜成义兄弟,同生死、共患难,攻克益昌公司,打垮中东路26号车站,打下扎敦河伐木公司。抗联父子兵李保格利(李保太)与李桂下布,为抗联部队带路、送信、运粮,收集和传递军事情报,击毙日军多人,摧毁了伪警察署,捣毁了匪军残部。双枪女侠关丽华营救抗日将领杨靖宇,传递情报、运送粮食、救助伤员,袭击了日伪铁骊车站、岩手(桃山)站、王洋站。抗联女战士赵凤兰(关丽华之女),冒险送情报,营救抗联领导,护理伤员。抗日勇士黄毛(因头发黄而得名)是百发百中的神枪手,他立下"有我黄毛在,日本鬼子别想进汤旺河"的誓言,他一个人打退了五六百个鬼子,打得日军吓破了胆,两年内不敢进汤旺河。抗联干部元宝是抗日将领赵尚志的警卫员,他跟随赵尚志军长南征北战,多次冒着生命危险保护军长的安全,忠于职守,英勇杀敌,后来战死在抗日的疆场上。抗日勇士莫桂林跟随王明贵的抗联队伍,攻占了金矿和伐木据点,破坏了敌人的经济命脉,缴获了大量的粮食、武器弹药、服装和日用品,打得敌人焦头烂额。

在大兴安岭地区,人们至今忘不了鄂伦春族人民在共产党、八路军带领下消灭日本侵略军、消灭土匪的英雄事迹。当时,虽然有部分鄂伦春人上当受骗,被编入伪"山林队",但日本侵略者的险恶用心,已被多数鄂伦春人识破。由于他们一致行动,打死了日本指导官铃木喜一。①

---

① 政协塔河县文史资料研究委员会编.塔河文史资料,内部发行,1987:87.

鄂伦春人当中出现了许多英雄人物,如赵立本、关臣马说服和动员同胞放下武器,一致对外;孟寿禄、戈满珠善、孟退米、孟长国等人消灭了以铃木喜一为首的日本鬼子;郭闹开、孟曲木等人带路,从十八站一直到漠河,消灭了260多名逃往漠河方向的日本鬼子。上层人士戈满珠善、关门提、老佐领孟寿禄(孟守路)、孟清太等,他们与广大鄂伦春族人民群众一起,曾为全中国的解放贡献了自己的力量。正如《鄂伦春族简史》中所述:"抗日联军之所以在敌人封锁围剿的险恶环境中能够生存和发展,并取得一次又一次的胜利,是和鄂伦春族人民的大力帮助和支援分不开的。"

1945年抗日战争胜利,东北地区很快得到解放。漫长的黑夜终于过去了,太阳照到了大兴安岭,鄂伦春族人民从灾难深重、濒于灭亡的苦海中得救。

"在解放战争和抗美援朝战争中,很多鄂伦春族青年积极参军参战,如关福隆、吴福寿、吴仓海等。吴仓海同志在战斗中还献出了宝贵的生命。关福隆参军后在炮兵中当二炮手,多次参加战斗。1950年,他参加中国人民志愿军,在朝鲜战场曾用机枪打落美军飞机一架,荣立三等功,并获奖章和纪念章多枚。"[①]

鄂伦春族人民酷爱自由,富于反抗精神,为维护和捍卫祖国统一大业贡献了自己的一切。

伦理、道德及行为规范

家有家规,国有国法。鄂伦春族虽没有本民族的文字,但有自己独特的道德、伦理及行为规范。鄂伦春族之所以不断延续和发展,其独特的道德、伦理及行为规范起了主要维系作用。他们以此来教育后代,规范社会言行,作为人们的行为准则和行为规范。鄂伦春族依靠人们的

---

① 白兰.鄂伦春族.北京:民族出版社,1991:37.

内心信念和社会舆论,通过善恶、荣辱、美丑等观念,评价人们的行为,调整人与人之间以及个人与社会之间的关系。

光明正大、懂礼貌、讲修养、堂堂正正做人;热爱人生,同邪恶作斗争,已成为鄂伦春族人民的自觉行动。他们世代依照这些生活准则和道德习俗,维护和调整相互关系,管理着社会生产和生活。

(一)处世行为

在长期而艰苦的游猎生产实践中,鄂伦春人既养成了不畏强暴和勇敢强悍的民族性格,又形成了大公无私、济贫扶弱等传统美德。关心帮助弱者,是大家的义务。特别是对鳏寡孤独、老弱病残、年幼孤儿等,大家都能伸出友爱之手来帮助。鄂伦春人从不欺负弱者,例如:过去"乌力楞"内部按户分配生产生活资料时,优先分给鳏寡病残者皮张和肉食。猎人驮肉归来不管相识与否,见面都能分给一份,或者只要你说想要点肉,即把猎刀交给你,从何部位割取多少,毫不吝惜,事后告诉一下物主即可,从无有偿还之说。每一个弱者,也从没有孤独之感,反之,在这个大家庭中,感到的是无比的亲切和温暖。"多爱护他人吧,因为,爱他人本身也是爱自己,帮助他人也是在帮助自己。"这个普普通通的话语,是老人、长辈用来教育子女们的哲理。只有帮助别人,自己才更富有,已成为鄂伦春人的座右铭。行善积德,为人们多做善事,是指导鄂伦春人如何处世的准则。

一家有难,大家来帮,是鄂伦春人又一美德。如某一家生活发生困难,或办婚丧之事,大家都乐于相助,从不求报答。即使是送来一块手巾、一瓶酒也不嫌少,而觉得真诚、亲切。鄂伦春人以助人为乐为荣,所以,直到现在,在社会上常可听到"鄂伦春人心眼好"的赞语。

在平日生活中,亲属、朋友之间来往,往往将好的东西分送给他人。有时,当别人给你送来礼物时要收下,但一般不让他人空手而回。东西多少是一片心意,不能忘记别人对自己的恩惠,更不能恩将仇报,这是老人们常常挂在嘴边的话,已成为年轻人行为指南。

人与人交往,说话要诚实守信,不得乱许愿。许愿要还愿,说话要算数。与人交友,首先要看到别人的长处,不苛求别人的短处。有时,老人们还特别强调:"教别人学习好的东西,不要要求太高,要使别人能够做到;责备人的过错不要太严厉,要考虑到别人能否接受,多学习别人的长处,补自己的短处,进而完善自己。"

鄂伦春人对他人以诚相待,特别反对在他人的背后指手划脚,说别人的坏话。他们认为:坏人等于坏自己。如果危害别人来保全自己,他的日子也不会好过。人人平等,不分贵贱。不得随意嘲讽、讥笑他人,否则罪恶将会落在自己的头上。鄂伦春人就是这样,在氏族部落内外都严格地要求自己的后代,教育一代又一代的新人,继承好的传统。教育后代要有敏锐的头脑,坚定的立场,不可轻信别人的流言蜚语,鄂伦春人懂得,利人才会利己,害人也是害己。他们相信有因果报应。

尊老爱幼、敬待老人,是鄂伦春族的传统美德之一。见到比自己年纪大和辈分高的人,都要先叩头、行礼、请安问好。如对老人、长辈失礼,将会受到公众的责备。在办理较重要的事情时先征得老人的同意。在老人面前,说话要语气温和,不能使用不礼貌的语言。不论什么场合,要让老人坐在正位,饮酒由老人开杯;吃肉吃饭,要等老人动刀、举筷。晚辈出外狩猎或出远门时,对家里长辈要请安或叩头。回来时同样要请安或叩头;长辈出猎或出远门时,青年男女要给鞴好马及准备好携带的物品。当长辈回来时,要到距离家门百步以外迎接,给牵马卸鞍。在日常生活中,长辈互相谈话时,年轻人不准插嘴;晚辈不准同长辈开玩笑。

鄂伦春族的好客之风,毫无吝啬之气。宾友光临,尽量以好酒、好肉热情接待。当朋友辞别时,往往慷慨赠送自家的山珍特产,以示惜别留恋之情。

(二) 道德观念

鄂伦春人特别注重"德行"。认为品德高尚的人,永远年轻;行为光明正大的人,才会有人效法他,才会受到人们的尊敬和爱戴。长辈们对自己的子女常常教导说:看见有德才的人,就要努力去学习,向他看齐;看见德行不好的人,要对照检查自己有没有类似的缺点,并努力改正。常常告诫孩子们,千万不能做坏事。

做人要诚实。因为诚实会得到别人的尊敬。而且,要为人厚道,厚道才会得到他人的信任。

鄂伦春人宽容、大度、仁慈,对别人从没有恶意。对一切人都很宽容,这一点比较突出。例如:两个人之间因一件不愉快的事打起架来,甚至打得鼻青脸肿,但只要说句真心话,便会马上化解,烟消云散,和好如初。他们认为:人人都应该有颗善良的心,遇到好事要谦让,碰到难事要争着去做。为人要正直、诚实、讲信义。

老人们经常说:人与人之间能否和睦相处,必须放下过去的仇恨,以宽广的胸怀去宽恕对方的过错。人心都是肉长的,只要宽恕了对方,对方必然非常感激,如此才能消弥彼此之间的仇怨,缓和与对方的紧张关系。怨恨是不能以怨恨去平息的,唯有靠宽容才能使怨恨消失,以爱心、美德去换取和睦。

鄂伦春人不论贫富,都是平等的。他们认为:富裕者,不可骄横欺人。欺负人没有好下场。贫穷者不可去奉承巴结人,人应该有精神,要相信自己的能力,努力生产,搞好生活。

当孩子或他人犯错误时,长辈们都会正面引导,并说出富有哲理的话语。他们认为,一个人要是光听好话,听不得批评、建议的话,就会使自己的双眼暗淡。知道了自己的过错,就一定要改正。做人不知道羞耻,那就不称其为人。如果一个人有不正当的行为,人们的怨恨就会集中到他的身上。因为做了坏事,必然会有坏的名声。

有时,人与人之间也会产生矛盾,或受到别人的侮辱和伤害。这时,老人们就会劝告说:要善解人意。如果对方伤害了我们,我们要忍耐,也许他是不小心,并不是恶意,要予以宽容,以后他们自然会改正。若是恶意,那么作恶者将来必会自食恶果。

(三)和谐的家庭关系

尊老爱幼是鄂伦春的传统美德。鄂伦春老人具有很高的威望和地位,族内或家里的重大事情都要由老人或长辈决定,长者凭借经验教育后代为人处世之道。

鄂伦春人的家庭,常常是几代人同住在一起,而且相处得很好。懂得互敬互爱,互相帮助、互相爱护,有饭大家吃,有衣大家穿,有福同享、有难同当。生活中夫妻之间、父母子女之间、兄弟姐妹之间,难免发生摩擦,鄂伦春认为:要使家庭能够和睦相处,家庭里的每一份子都必须互敬互爱、互谅互让,不要为一些微不足道的小事而计较、争执。要以爱心待人,宽容他人,如此全家人才能美满幸福。

鄂伦春人冬夏春秋都不闲着。除打猎、打鱼、采集以外,不是操持家务,就是练打猎的本事,很好地安排家事,摆清什么是主要的,什么是次要的;哪些事急办,哪些事缓办,都安排得一清二楚。而且,教育自己的子孙,办事应该有主次,什么事都想做,就会什么事也做不成。人的一生要勤奋努力,如果不求进取,什么收获也得不到的。

幸福就在于创造美好的生活。鄂伦春人盼望生活美满幸福。但他们懂得:勤劳才会得到财富,懒惰会使生命熄灭。鄂伦春人就是靠勤劳在恶劣的环境中生存。遇到艰难险阻不灰心、不气馁,他们认为后退是懦弱的表现。

向往真、善、美是鄂伦春人的又一个传统美德。当一个美丽的姑娘热恋于一个英俊的小伙子时,老人及长辈们就会提醒她说:"大树虽外表光滑,但树心很可能是空洞的。一个人外表美观,但内心不一定善良、可靠。"

(四)爱护自然

鄂伦春人对大自然有着特殊的感情。因为他们在常年野外生活中认识到,大自然是人类生存的条件。保护自然,才能使人类的生活得以长远保证。如果毁坏自然,那么,迟早会导致人类本身的毁灭。

鄂伦春人热爱自然、保护自然的美德,首先体现在保护森林、爱护树木上。由于鄂伦春人世代与大自然打交道,吃的、穿的、用的都是来自大自然,所以他们从不随意乱砍、滥伐树木,像保护自己的眼睛一样,保护着森林资源。在野外生火取暖、做饭,也从不乱砍树木,而是到河边捡些"漂流木"或在林中捡些干枝丫、倒木之类烧火。当每年做桦皮船时,才不得已选合适的树木砍伐做支架、船帮等,但从不浪费每一块木板、板头。

在森林中生活,鄂伦春人最注意的是避免火灾的发生。"一点星星火,可毁万年林",成为人们的口头禅。如吸烟或在"斜仁柱"里点篝火,用过之后都小心翼翼地扒开土层,把烟火头、火柴头埋在含有水分的土里,再用脚结结实实地踩好。把自己用过的篝火用水浇灭之后才能离开。多少世纪以来,鄂伦春人没有因不注意用火而发生人为火灾的,这正是鄂伦春人热爱自然、保护自然美德的突出表现。

覆盖着大、小兴安岭的无边无际的森林里,遍地生长着落叶松、红松、樟松等针叶树种,也有桦树、柞树、杨树、榆树等各种阔叶树种。由于鄂伦春人热爱自然、保护自然,才使大小兴安岭森林资源得以开发、利用,支援祖国建设。这是鄂伦春族人民祖祖辈辈保留下来,留给自己的后代,奉献给伟大祖国的宝贵财富。这是鄂伦春人无私的奉献,是他们道德风范的具体表现。

鄂伦春人保护森林、保护树木,不仅注意火源,防止火灾发生,而且最可贵的是当雷击等原因造成森林火灾时,都会全力以赴,甚至不顾生命危险去扑救火灾。不论是男人、女人,或是老人、儿童都会上阵,与火做殊死的搏斗,用自己的生命保护大森林。平时,人们巡山护林、义务服务,不允许"可疑"分子窜入林区。因此,人们赞誉说:鄂伦春人才是真正的"保卫森林的坚强卫士"。

保护动物,是鄂伦春人保护自然、爱护自然的重要方面。森林里栖息着各类飞禽走兽,大的如虎、熊、犴、狍子、野猪等;小的如天鹅、飞龙、灰鼠、猞猁、貂、兔等,应有尽有,就像是一个巨大的天然动物园。在大大小小的河流里,生活着鲑鱼、鳇鱼、鲤鱼、鲫鱼、细鳞鱼、大马哈鱼、哲罗鱼等各种鱼类。从"棒打狍子瓢舀鱼,野鸡飞到饭锅里"的传说,可以想象这里物产多么丰富。鄂伦春人正是凭借着这蕴藏丰富的自然资源而生存下来的。

鄂伦春人以狩猎为生,祖祖辈辈靠打猎糊口,维持生计。在长期的狩猎生产中,他们积累了丰富的狩猎经验,知道什么时候该打什么,什么时候不该打什么。鄂伦春猎人有个规矩:"不许射猎正在交配中的野兽",他们认识到自然界繁衍生息的规律,动物交配,能使动物繁衍后代,使动物资源更加昌盛,造福人类。

鄂伦春人不许打鸿雁、鸳鸯。因为鸿雁、鸳鸯总是雌雄、成双成对地生活在一起,如打死一只,另一只就会孤独死去。鄂伦春人认为打鸿雁、鸳鸯会破坏夫妻生活,也不利于繁殖后代。

鄂伦春人对待自然的态度,不仅符合人类物质要求方面的长远利益,而且有助于陶冶人类本身的道德情操。现在,鄂伦春人越来越认识到对花草树木特别是对动物的无端摧残,往往助长冷酷、残忍;热爱自然界的山山水水,保护濒临灭绝的动、植物,有助于培养人的同情心、义务感乃至对家乡、对祖国、对人类的深厚感情。因此有人说:鄂伦春人对自然界的态度从一个侧面反映着鄂伦春人本身的文明程度。

(五) 集体主义

鄂伦春人的集体主义思想是在长期而艰苦的条件下形成并发展起来的。集体是在一定利益基础上组织起来的社会集团。它小至家庭、氏族、部落;大至阶级、民族、国家、人类。如果凭靠一个人或几个人,对于自然界的征服能力是极其有限的,还不可能摆脱作为自然奴隶的地位。为了生存,鄂伦春人从事集体狩猎,发挥团队力量战胜各种困难。只有在狩猎中通力合作和一致行动,才可能战胜猛兽,创造幸福的生活。

最能体现集体主义精神的就是集体狩猎。对于较大的野兽如鹿、犴的伏击,都是集体进行的。事先,一些人到有鹿、犴藏身的地方追逐和围拢;另一些人则在动物逃窜必经的地方堵截,待进入埋伏圈内进行射击。在集体围猎中,有的轰撵,有的埋伏起来,这在原始狩猎活动中是必要的。谁多吃点苦,谁多挨点累,从不计较,人人都为集体利益而努力,使集体生活更加富有吸引力和感召力。

鄂伦春族猎人在面临危险和猛兽袭击时,不畏凶猛的野兽,不怕困难,临危不惧、英勇救人,舍生忘死,为了民族的利益牺牲自己,他们有着高尚的品质和良好的精神风貌。这种可贵的精神一直影响着鄂伦春族的后代。

体现集体主义精神的另一个方面,是鄂伦春人的家庭公社"乌力楞"①。每个"乌力楞"包括四五个或六七个"斜仁柱",一般由10余个小家庭组成。每个"乌力楞"都是一个自给自足的基本经济单位。每到一个地方,大家都要齐心协力,就是搭盖一个"斜仁柱",也是大家一起动手。人们共同劳动,获取生活所必需的食物、衣着,制造为生产所必

---

① 即子孙们的意见。

需的工具和武器。每个成员不论参加哪项劳动,都是集体中的一个平等的成员。

在集体出猎时,要有一个首领,他是由家庭公社成员民主选举产生的。"乌力楞"的家族长叫"塔坦达",这个首领必须具备卓越的领导、组织才能,能够很好地组织集体生产,安排好集体的生活。他以身作则,大公无私,有丰富的狩猎经验,因此很受人们的尊敬。家族长具备着优良的品质,他虽有权威,但并不以势凌人,和大家共同劳动、平等相处。家庭公社内有关生产和生活大事,如根据季节的变换,何时出猎、到何地出猎、猎获品如何分配,都是按照民主方式讨论决定。"塔坦达"不过是执行民主决定。集体生活充满着平等和睦,使人们自然形成对集体的依赖和向往。团结互助,合作分享。在分配猎物时,氏族的首领或狩猎组长把最次的留给自己,把好的分给他人。

如果有个别人违反"规章制度"给大家带来麻烦,"塔坦达"则会严肃地斥责有过错的人,并把处理结果公布于众,教育大家引以为戒。如作了错误处理,"塔坦达"也会虚心接受他人的批评。鄂伦春人的集体主义思想至今影响着下一代。鄂伦春人就是这样团结协作,互相帮助,用集体的力量去战胜一切险恶,创造着美好的生活。

(六) 礼仪礼节

鄂伦春族是一个很注重礼仪的民族。当孩子很小的时候父母就施以传统的礼仪教育,从小养成尊老爱幼、礼貌待客、一言一行都合于规范。懂得以礼待人,以诚待人的道理,质朴、豪放、说话干脆、喜欢直来直去、从不绕弯子。因而每个人都懂得和遵守民族礼仪,否则就会受到别人的耻笑,重则受到长辈人的责骂。

鄂伦春人古老的礼仪和礼节是很多的,如请安问候、下马致敬、叩首参拜等礼节。归纳起来,主要有以下几个方面:

敬老爱老的礼节:尊重老人和长辈是鄂伦春人传统的美德,在家里和民族中尊敬父母,家长和氏族长,在外尊敬长者,不管是否相识,都要行礼致敬。作为晚辈的或是弟弟妹妹,遇到了长辈,或是哥哥姐姐,一般都要行屈膝礼请安问候。对于父母或是比父母年长的老人,只要外出三天以上的,回来后都要前去请安问候。有事要同长辈商量,只有征得他们的同意后,才能去办。而对叔叔辈的人,出外七天以上的,回来后也要前去请安问候。晚辈出远门要向长辈请安告辞,然后才能离开,鄂伦春族人还非常敬重老人。在路上遇见老人时,必须立即下马于旁边,并向老人行屈膝礼,同时,请安问好。让老人从自己的面前走过,望着老人的背影远去后,才能上马。而叩首参拜的大礼,则主要是在祭神敬祖,春节拜年,婚姻丧葬等隆重的场合下才进行。

欢迎和告别的礼节:鄂伦春人热情好客,不论是对本族客人还是对外族客人,来到鄂伦春族人家前,主人都热情欢迎。其欢迎的方式是:晚辈男人在迎接长辈时要鞠躬行礼或屈膝请安,然后将客人让到屋里,如是年长的男客人,要让到最尊贵的"玛路"席上;如是年长的女客人就将其让到年长妇女就坐的"奥路"席上。就坐后,要马上敬烟,点燃之后,递给客人,敬茶水给客人喝,互相问候,说些贴心话,增强亲切感。

询问的礼节:鄂伦春人把客人让到家中,寒暄和喝茶后,还有一套询问的礼节。鄂伦春人是狩猎民族,因此在询问时,首先要问狩猎所得和狩猎运气。问一些在路上看到了什么野兽或野兽的足迹,猎到什么野兽了,家中的状况如何,妻子和孩子是否安康,这种问候已成为见面后的日常话题,这对于狩猎的鄂伦春人来说,有很重要意义的。在询问这些之后,如果来客是不相识的人,但这个人比询问者年长,那绝不敢问他的名字,晚辈问长辈的名字是一种失礼,被认为不礼貌,不懂规矩。晚辈不能直呼长辈的名字,被认为不懂事,会受到责备。

款待客人饮食的礼节:鄂伦春人给客人准备的食物很丰盛,视狍头为珍贵的美味佳肴,是待客的最高礼遇。勤劳纯朴的鄂伦春人十分热情先是敬上烟和用小黄芹泡制的茶水,然后摆放出手把肉、清煮犴鼻和飞龙汤,盛情款待客人,其中最为讲究的是请客人吃狍头肉。只要家里有好的都要拿出来,并恭敬地向客人敬酒,劝客人喝好、吃好。如果有多位客人,先敬给年长的男客人,再敬给晚辈的男客人。然后敬给长辈女客人,再敬给晚辈的女客人。女主人最后一个。晚辈拒绝饮酒,接过酒杯,转给长者喝。认为是最有礼貌的。让老人多喝酒是有礼貌的,这表示对他的殷勤和高度的尊敬。鄂伦春人不但对待来客要用美酒佳肴热情款待,而且在客人临走时还要向其馈赠礼物,客人不能拒绝。如果客人不接受礼物,则被认为是失礼,按照习俗,客人也要送回礼,不管礼物的价值是否相当,只是表示谢意和敬意,作为礼仪的一种表示,必须奉送。

互访的礼节:在集会期间,不分民族,居住在一个营地时,互相要进行一次短暂的拜访,相交邀请。在这种拜访中,主人也要像接待远方客人一样,询问和回答一些问题。拜访者总是拘谨的,整个仪式是非常正式的。拜访的先后次序,应按照个人的社会地位,不是按"斜仁柱"的排列,一般先是青年男女间的互访。青年人先去拜访长者,长者不得先拜访晚辈,而在晚辈拜访之后,他才可以回访。这种互访像亲戚间走动一样,特别亲切,特别随和。

(七)不成文的"法律"

上面谈到的伦理、道德及行为规范,鄂伦春人都能严格遵守。对于犯了规矩、造成严重损失、道德败坏者,给予严肃处理。例如,对违反日常生活习惯的人,一般由老人及家长进行说服教育,帮助他们改正错误,如果人们之间互相殴斗,双方都要受到刑律处罚——用柳条抽打,直到认错,表示以后不再犯错为止。

对社会上存在的善恶与美丑等现象,主要依靠舆论力量来发扬正气。对不尊敬老人,不听老人劝告,对亲友傲慢以及偷窃的人,一般都是以舆论的力量来制止或纠正这些人的错误。但如果舆论不能奏效,则氏族组织可以把他开除出氏族。

氏族内如因互相殴斗而使一方死亡,另一方要负责任。误杀了人,杀人者要抚养被杀者的子女,直到能独立生活时为止,或者用一定数量的马匹来作抵偿。这些都是由长辈及有威望的"塔坦达"来处理。故意杀人者要偿命,或交官府处理。在家庭内部,或"乌力楞"内,凡有争议,内部调解不了的问题,一律送交官府处理。

借债者不肯偿还,要请调解人劝告对方定出偿还日期。如有偿还能力不还时,就要到官方解决。

鄂伦春人最恨、最反感偷盗者,认为偷盗是最卑鄙、可耻的行为。对偷盗行为经了解清楚之后,视情节轻重,予以严肃处理。如因家中无马而偷了别人的马,只要承认错误,将马送还就会了事,不再追究。如果偷的马已经丢失,也可不予追还。如果家中有马而故意偷了别人的马,而且态度不好,又不承认错误者,就要追究到底,直至送交官府处理。

鄂伦春人比较通情达理,如果借债人借债期已满,但又不愿归还者,债权人可以拉走欠债者的马匹,但比较讲理,拉马只限于骟马,不拿借债人的好马,如骒马或种马。

儿子惹是生非,父母管教不了,可以将其送官方管教。但只有送去的权利,没有请求释放的权利。

鄂伦春人的婚姻由父母包办,因而有已婚妇女因和丈夫感情不和而逃离时,对于这种情况都要抓回来痛打一顿。未婚男女因恋爱私奔的,抓回来都要棍打,或用马拌绞大腿,个别要处死。如果同一氏族的男女发生不正当关系,处罚更严,甚至要处绞刑。

损坏别人的东西,一般要赔偿。如无力赔偿要赔礼道歉。如拒不赔偿,要经官解决,在这种情况下,如有赔偿能力还是要赔偿。如赔偿不了时,官方痛打他一顿了事。

在氏族内部违反习惯,如不听老人的话,经常惹是生非、屡教不改者,"塔坦达"可以对其实行鞭刑,如果逃跑,3年内不回来,要开除出氏族。

吉祥物与不祥之物

鄂伦春人对吉祥物和不祥之物的认识,是在长期的狩猎生产、生活过程中逐渐形成的,并被人们所相信。

传说鹿给人们带来"无价之宝",有福气的猎人在狩猎过程中,会在鹿体内找到一件"宝贝",有鸟蛋大小。这个"宝贝"里面集天上、地下所有珍禽异兽的毛。猎人随身携带这"宝贝",就会保佑猎人吉祥如意,不仅猎获丰收,而且会使猎人家庭富裕,美满幸福。所以人们将鹿视为吉祥之物来崇尚和追求。

鹿不仅是肉食的主要来源,而且是强身壮体的极好补药,鹿身上的许多器官都能防病、治病,如人们患有心脏病、神经衰弱、精液遗漏、阳痿早泄等症时,只要把鹿茸研成粉末熬水喝,就能治愈。因此人们送它"能治百病"的美称。鹿心血备受人们喜爱,它能治疗各种心脏病,如心衰、心律过缓等。鹿膝盖骨是风湿病、关节炎的克星,对腰腿痛也有明显疗效。鹿胎膏是专治妇女病的"灵丹妙药",可治妇女不育症、月经不调等。鹿尾是滋补、强壮、活血的大补药品。鹿鞭的作用不一般,对男性病如阳萎、腰腿痛等病有显著疗效,有大补、强壮之效。可见,鹿对人类的贡献实在是太大了,称得上是珍禽异兽中的"佼佼者"了。这可能就是鄂伦春人视鹿为吉祥物的主要原因吧。

青蛙是有益于人类的小动物,它除了保护庄稼之外,还时常当"气象兵"。当有水灾时,它总要出现在人们的面前,告诫人们及时做好各种准备,防止水灾带来的祸患。为此,鄂伦春人也特别喜欢这些小动物,从不伤害它们。

据鄂伦春族老人讲,青蛙总是把福气、吉祥带给人间。青蛙一般生活在水中。有时,它离开水面,在陆地上蹦蹦跳跳,据说一旦跳到猎人的腿上,像吸铁石一样牢牢地粘在猎人的腿上,这就意味着给猎人送来了"吉祥",带来了幸福。此时,猎人会把青蛙捧在手上,表示对青蛙的感激之情,并轻轻地放到地上或水里放走。

每当冰雪消融春季来临之时,野鸭子便会成群结队地飞到北方来。它们时而在水中漫游,时而在天空飞翔,给美丽的春天增添新的色彩,同时,也给鄂伦春人的生活带来新的活力。此时,人们的食谱上又增添了美味的野鸭肉。鄂伦春人每当打到野鸭子时,总要把野鸭头皮剥下来,粘在"斜仁柱"门柱或贴在门框、门面上。墨绿色的野鸭头皮在门上闪蓝光,显得特别美观。人们之所以年年这样张贴野鸭头皮,一方面是作为工艺品来欣赏,更主要的是希望吉祥如意。

鄂伦春人对吉祥物格外喜爱,而对"不祥之物"则格外厌恶。一旦见到不吉利之物或不吉利的行为,就尽量避而远之,或想办法消除掉。

人们相信乌鸦有预知的本领。当不幸发生之前,据说乌鸦就会发出奇怪的哀鸣声。所以一旦有乌鸦在自己的头顶上或房顶上哀鸣,鄂伦春人就认为不吉利,会有灾难临头。每逢碰到这种情况,人们都会对着乌鸦破口大骂,并将其赶走,或用枪打死乌鸦,以免发生不幸的事。

  狗是猎人们狩猎生活中不可缺少的帮手和好伙伴,但是狗有时也会作出很不吉利的行为来。据说狗也有很强的预感性,当要发生什么不幸时,狗就会发出奇怪的叫声,像"狼嚎"一样。有时用前爪使劲刨出又大又深的坑。每逢看到这样的情形,人们就认为"不吉利",担心可能会发生不幸的事。这时无论多心疼、多喜欢的狗,也得狠狠地痛打一顿,好好教训教训它,严重时还可能将它打死,免得发生不幸。

第二章　生产与生活

房屋建筑

房屋建筑是人类的基本活动之一,也是人类物质文化的一个重要组成部分。

游猎时代的鄂伦春族,根据季节变化而迁徙。亲朋好友三五户、十余户在一起,秋季选择有烧柴、泉水、草场、背风、朝阳的山坳里居住;春夏季节喜欢在有树林、青草繁茂的河畔居住,方便给马"打蚊烟"和洗衣、洗澡、钓鱼打猎。鄂伦春族人的居住文化,体现了与天地山林融为一体的生存理念,显示人与自然共生的魅力。

鄂伦春族搭盖的"斜仁柱"(圆锥形原始住所)和"奥伦"(高脚仓库)等房屋,是由于世代游猎生活使鄂伦春人选择了这种便于拆搭迁移的住屋。

(一)"斜仁柱"

"斜仁柱"的建造方法是,首先砍回3根较粗、结实、带杈的支杆,把它斜立起来,搭成人字形,鄂伦春语称它为"刷那",它起支撑、固定的作用。然后用20根左右长约5至6米,直径为6至7厘米的木杆依次交叉搭在"刷那"上,"斜仁柱"的骨架便搭起来了。鄂伦春人称这些支杆为"斜仁","斜仁柱"就是由许多根"斜仁"组成的,故此而得名。"斜仁柱"直径约为4至5米,斜度为85°左右,呈圆锥形。

"斜仁柱"门口处,选2根结实的支柱当门框,鄂伦春语称为"土如",门朝南。"斜仁柱"的大小、宽窄,是根据不同季节而建造,冬季因御寒的需要,比夏季建得大些。鄂伦春人搭"斜仁柱"很巧妙,既不用钉,也不用绳,而是利用木杆本身的支杈交叉而成。如果需要搬迁,就将支架上的覆盖物带走即可,"斜仁柱"支架都原封不动地留给以后其

（斜仁柱）

他狩猎者使用。在密林深处，白天也显得幽暗。因此很远就可以看到白花花的被废弃的"斜仁柱"骨架，就可利用此骨架搭盖覆盖物使用。

"斜仁柱"骨架搭好了，接下来便是制作覆盖物了，覆盖物有几类，第一类是皮制的"额伦"。鄂伦春族妇女将一百多张"红杠子"（夏季的狍皮）精心熟制加工，再缝制成两块大的扇形围子，一块小的作门帘，上面绣有（或贴上）美丽的图案。"额伦"一般是毛朝外、皮子朝里覆盖在"斜仁柱"上。皮制"额伦"是专在冬季时覆盖的，起保暖、防风、防雪作用。人们在"额伦"顶端缝上一块皮子，像一顶帽子扣在"斜仁柱"顶上，白天把皮子掀开，使光线射入"斜仁柱"内；晚上再将皮子扣上，很保暖。"斜仁柱"的门帘，上下缝三道皮条子，并在每一道皮条子上系一小横棍，以便于开门、关门，还能起防护作用。

覆盖物的第二类是"铁沙"，是用桦树皮加工而成。春至夏初大多在"斜仁柱"上覆盖这种"铁沙"。制作"铁沙"的方法是，先把桦树皮放在水中浸泡两三天，然后用开水煮两三天，待平整、阴干后再一块一块地缝制起来，否则就会变形。用桦树皮当覆盖物，防雨、防风性能好。这样，"斜仁柱"棚壁就不怕风吹雨淋，经久耐用。

覆盖物的第三类是用草或苇帘子，鄂伦春语称作"抠克塞"。用草苫盖通风透气好，室内凉爽宜人，光线也好，是夏季理想的覆盖物。

根据季节的变化和实际需要，鄂伦春人"斜仁柱"的覆盖物，有的全部用狍皮或桦树皮，也有的上半截用草或芦苇帘子，下半截用桦树皮。

（"斜仁柱"上桦皮覆盖物）

后一种多用于夏季,它晴天可以遮挡阳光,雨天还可以遮雨。当布匹输入鄂伦春族地区后,开始用布帘覆盖。

"斜仁柱"一般在东南面留门,其高约1.5米,宽约1.2米。内侧悬挂一张狍皮门帘,用来遮挡风雨,并防止蚊蠓入室。在室中央支个吊锅,既可用以生火做饭,取暖,也用以驱逐蚊虫。为便于排烟,在苫盖"斜仁柱"时,要在顶端留个空隙。为防止雨水熄灭篝火,在空隙下做一个桦皮水槽,使雨水流出室外,以防止雨水直接落入篝火内。

"斜仁柱"内部,正面(对着门的位置)的铺位叫"玛路",意为"神位",上面挂着祖先神、马神等神像。下面是铺位,铺着用各种兽皮缝制的褥子,上面叠放着狍皮被。要让身份高贵的客人或长辈坐在这里,家人一般不允许坐这上面,特别是绝对禁止妇女靠近这神位,就是在"斜仁柱"外面,也不许她们靠近,以表示保护神灵的圣洁。

"玛路"两侧的铺位叫"奥路",右侧的"奥路"是年长夫妇的,靠近"玛路"的一端为上首,按年龄高低排定,男子居上首。"玛路"左侧是年轻夫妻及其子弟的铺位。

一进门的右侧放置马具,左侧放置餐具。在年轻夫妇住的一侧,"斜仁柱"顶上搭有横木杆,是吊小孩摇篮用的。

这种原始的"斜仁柱",是游猎民族的典型建筑。随着社会的发展,

"斜仁柱"也不断改进，主要表现在覆盖物上。但是其形状，以及便于搭盖和拆卸的特点，并没有大的改变。这和鄂伦春人一直从事游猎生活，需要这种移动住所是分不开的。

"斜仁柱"的建造和居住习俗有着固定的习惯和制度，它们被鄂伦春人共同遵守着。

"斜仁柱"搭盖的习俗：每个聚居点居住着十几个家庭，也就是一个聚居区有十几个"斜仁柱"。同居一起的"斜仁柱"必须"一"字形并排建造，所有的房屋不能里出外进，不能分成前后街，只能成一行平行排列，原因在于"斜仁柱"后面的树上，鄂伦春族挂着各种神偶"博如坎"。"斜仁柱"是一座历史纪念碑，是民族文化传播的课堂，是传授生产生活技术的"传习所"，体现着鄂伦春人与自然山水融为一体的亲密关系，也是人与人、家庭与家庭之间交往，沟通的媒介，具有促进族人和谐相处、群体的安全感和自我认同等社会组织的功能。

(二)"奥伦"(高脚仓库)

"奥伦"是鄂伦春族颇具特色的建筑。是根据生活所需在密林中搭盖成的一种储藏物品的仓库。"奥伦"的四根柱子，是选择自然生长的四棵呈长方形对角的树木，在高出地面 3 米左右的地方把树头砍去，然后在其上面横铺木杆，形成底座。底座形成后，在此上面再用木杆一层层地叠摞成类似"木刻楞"的小房。房盖是用樟松板钉成的，既结实，又耐用。

为防止野兽糟蹋东西，特别是防备黄鼠狼、山狗子等动物，人们将四根柱子的外皮剥光，使其光滑，动物不易爬上去。为防动物用牙啃咬，有的用薄铁皮将四根柱子都围裹上，有的还将铁皮剪成喇叭状，带有锋利的锯齿，黄鼠狼、山狗子本领再大也不会攀上去。为了上"奥伦"取东西方便，要特制一个梯子。梯子是把两根笔直的木杆并列捆在一起，每隔一定距离钉一横杆，以便脚踏攀登。取东西时，将梯子立起来，不用时搁放在地下。

"奥伦"的主要用途是存放物品，把暂时不用的衣服、被褥、肉干、粮食、野菜、野果及子弹等储存在这里。

"奥伦"一般搭盖在比较僻静的地方。这种仓库属小家庭所有。但

(奥伦——高脚仓库)

是当氏族内的人甚至外氏族的人在猎不到野兽时,可以到这"奥伦"中取食物,事后告诉物主一声或如数还上就可以。人人都很守信用,没有偷拿他人"奥伦"里的物品的现象。

渔猎生产

(一) 狩猎

鄂伦春族经济主要是渔猎经济。以猎为主,采集和捕鱼为辅。狩猎有一定的季节性。春季二、三月为"鹿胎期",夏季五、六月为"鹿茸期",秋季九月到落雪前为"鹿围期"(为鹿的交尾期,猎获鹿鞭等主要在这一时期),冬天落雪以后,为"打皮子期"。一年四季都可以捕猎。

解放前鄂伦春族的狩猎方式有集体和个人两种。季节性的出猎一般是集体进行,由"乌力楞"内各家猎手三五人临时自愿组成"阿那格"(狩猎小组)。每个"阿那格"选出1名年长并富有经验的人为"塔坦达"(狩猎长)。一个"乌力楞",往往组成几个"阿那格",一个狩猎期归来便解散,下次去时另行组织。

集体狩猎的猎获品，是在"阿那格"内的猎手之间平均分配的。但还保留着一些原始社会共同消费和平均分配的习惯。对于老弱伤残者，大家都认为有帮助和供养的责任，虽然他们不参加狩猎，但也和猎手们一样分得一份猎品。此外，野兽的头部、五脏、带骨头等部分，尤其是熊肉，仍是煮熟后由全"乌力愣"的人一起吃，不进行分配。后来，随着商品意识的增强，有些猎物逐渐变成商品出售，如鹿茸等开始归个人所有，但是兽肉仍分送给别人一些。

（狩猎）

大兴安岭的野兽很多，其中以狍、狍子为最多。所以，它们就成为大兴安岭鄂伦春人主要的狩猎对象。另外还捕马鹿、野猪、黑熊、猞猁、狐狸、黄鼠狼（黄鼬）、水獭、獐子、山狗、香鼠、貂、灰鼠、獾子、狼、貉及飞禽类的树鸡、乌鸡、野鸭、飞龙、天鹅、大雁等。

狩猎方法很多，也很巧妙。猎人根据野兽的习性去寻找。主要采取骑马跟踪追击法、鹿哨和狍哨引诱法、猎犬围堵法、蹲碱场或蹲泡子法、烟熏出洞法、挖洞灌水法、下地箭法、大木拍压等。鄂伦春人的捕猎技术是相当高超的，这种高超的技术不仅仅在于掌握了先进的捕猎工具，更重要的是来源于他们对自然环境和各种野兽习性的熟悉。

鄂伦春族好猎手，有善于选择猎场，善于寻找与发现野兽及准确地射击等本领，他们在长期的游猎实践中，积累了丰富的狩猎经验，对各种野兽的习性了如指掌。能准确地判断野兽踪迹的新旧和来去，善于利用风向接近野兽，能熟练地掌握各种捕猎方法。

(二) 捕鱼

鄂伦春族人在很久以前就学会了捕鱼技术，长期的渔猎生活已使鄂伦春人掌握了各种鱼类在不同季节里的活动规律，熟知什么季节捕什么鱼，积累了丰富的捕鱼经验。

捕鱼是鄂伦春人的一个重要生产活动。大兴安岭地区的鄂伦春人捕鱼，主要在呼玛河、盘古河、外河、疙瘩干河、内河、阿木尔河、大西尔根气河、小西尔根气河、宽河等河流。这些河流中鱼类资源丰富。尤其秋天大马哈鱼顺流而上，是捕鱼的最好季节。所以，捕鱼业在这个地区的经济活动中占有较大比重。

鱼产情况。在呼玛河及其支流中，主要盛产哲罗鱼、细鳞鱼、重唇鱼、狗鱼、白鱼、鲶鱼、大马哈鱼等。前几种鱼多生活在各小河里，尤其是哲罗和细鳞喜欢冷水，一到夏天，都游到有泉水的小河里。大马哈鱼每年秋季由黑龙江上溯到呼玛河中产卵。这里最大的鱼是鳇鱼，一般一条有五六百斤重，大者上千斤。其次是哲罗鱼，大的也有上百斤。大马哈鱼没有太大的，但大小比较均匀一般有10斤重。其他如细鳞鱼、重唇鱼都比较小。

捕鱼工具及技术。鄂伦春人捕鱼的工具有鱼叉、鱼钩、鱼网、鱼盾、弓箭、枪、桦皮船、鱼梁子等。鱼叉是自己用废铁打制成的，有三齿叉和倒钩叉两种。过去没有鱼网，只是近几十年才开始使用，有买现成鱼网的，也有买线自己编织的。桦皮船是用桦树皮和松木制成的，是两头尖的柳叶形，既用于捕鱼又用于打猎，是水上的主要交通工具。

鄂伦春族在长期的生产过程中积累了丰富的捕鱼经验，他们根据不同季节采用不同的办法捕鱼。春夏秋三季均叉鱼。春天是鱼产卵的季节，细鳞鱼一对对地在浅水中游来游去，人们趁这个季节站在岸边上用三齿叉叉鱼。夏天哲罗鱼和细鳞鱼都在小河里，他们就到这些地方去寻找。秋天大马哈鱼成群顺流而上，是捕捞最繁忙的季节。由于大马哈鱼来得很晚，来到不久河就要封冻，所以鄂伦春人在这个季节都是不分昼夜地叉鱼。叉鱼的人有的是站在岸上，看到鱼过来就叉，有的乘桦皮船去寻找。不论哪一种叉法，鄂伦春人的叉鱼技术都是很熟练的。特别是乘桦皮船叉鱼更要有高超的技术。他们站在轻巧的小船上，用

(细鳞鱼)

(桦皮船叉鱼)

鱼叉杆撑船,看到鱼就将叉投过去,投得准确无误。

　　鄂伦春人用的鱼网是挂网,找到稳流的河汊子,把网下在河中间,然后坐船往网这边轰赶鱼类,鱼游到网上就被挂住。也有的头天晚上把网下好,第二天早晨去起网。钓鱼方法较多,有用鱼漂钩、拉毛钩、懒钩、下掘搭钩、下挂钩等多种方法。拉毛钩是在鱼钩上拴块狍皮,用鱼杆在水上拉着走,鱼以为是小鼠在水上游动,就猛然把头伸出水面来咬钩。下挂钩是捕大马哈鱼的一种方法,在一根粗鱼弦上拴有许多锋利的钩,钩上不下鱼饵,在每个钩上拴一个用桦皮作的圆筒漂,当大马哈鱼碰上钩就能将其钩住。下盾,是将小线网蒙在盆口上,中间留一小口,盆中放下鱼食,或在小口周围抹上鱼食,小鱼钻进去,即可捕住。

(桦皮船撒网捕鱼)

"挡梁子"是鄂伦春人捕鱼的又一种方法,要在春秋两季进行。春天鱼类由大河向小河逆水而上,秋天又从小河向大河顺水而下,由于这两个季节鱼都在游动,所以正是"挡梁子"的好季节。"鱼梁子"的挡法是,先在小河里埋下排水桩,然后编两块篱笆,靠在木桩上,用柳条或绳子绑好,在两块篱笆的衔接处留一小口,放置一个簸箕形状的筐,鱼游过来就会掉在筐里。"梁子"挡好后,每天早晚看一遍。如果筐里有鱼就捡回来。

渔场、工具的占有、捕鱼组织与分配。鄂伦春地区的河流均为公有,无论到哪条河流捕鱼都不受限制。但是,在小河上"挡梁子"所得的鱼归参加"挡梁子"的人所有。有时一条河上挡几个"梁子",有的挡在上游,有的挡在下游,也不会发生矛盾。捕鱼工具如鱼叉、鱼钩、鱼网、桦皮船等归各家私有。捕鱼工具可以互相借用,但没有出租的。借用

(挡梁子)

捕鱼工具,一般不给任何报酬,但在捕鱼回来送还渔具时,都会给几条鱼作为酬谢。

集体捕鱼所得都集中在一起,捕多捕少都同样进行平均分配。在平均分配之后,家里人口较少的即将自己分得的一份再分给人口多的一些。这种分配实际也是按人口平均分配。个人单独捕鱼时主要是归个人所有,但捕得多时,也分给"乌力楞"各家一些。

起初鄂伦春人捕鱼,主要供个人食用,由于当时工具简单,打的野兽很少,粮食也极少,所以晒大量的鱼干储备起来,以备猎荒时食用。有时也用来喂马。后来和俄国人作交易时才开始大量捕打大马哈鱼,出售给俄国人,换回各种生产和生活资料。因此,捕鱼生产在鄂伦春族游猎生活中占有很重要位置。

(三)采集

采集是鄂伦春族渔猎经济的辅助成分。各种兽肉是鄂伦春人的主食,而各种野菜、野果则是鄂伦春人必不可少的副食。因此现在仍保留着采集野菜、野果的习惯。

鄂伦春人的采集,主要是由妇女来承担,有时也有儿童和老年人参加,成年男人很少去。每年春秋两季,妇女都用很长时间去采集。春天主要采集各种野菜,秋天主要采集野果和植物根。男人参加采集主要在出猎回来的路上,或是在狩猎的空隙进行。老人闲暇也在住地附近采集。妇女们采集时,一般是三五个人一起出去,但没有组织和领导。集体出去,主要是能互相照应,同时还能说说笑笑,不至寂寞。到达采集场后,各人采个人的,采集品归个人所有,不平均分配。但有时分给没有去采集的人家一些,特别是野菜刚刚长出来时,让大家共同分享新鲜菜。

(采集)

主要的采集对象。野菜类有:老山芹、柳蒿芽、野韭菜、野山葱、黄花菜、木耳、蘑菇、达子香叶和花、猴头蘑等。野果类:都柿、高丽果、马灵果、托托、稠李子、山丁子、榛子、山葡萄、松子等。植物根茎类有:"应儿西"、"阿达哈"(大百合根)、"昭格达"(小百合)。药材类有:"木枯气"、"爬山松"(阿叉)、"那热特"(马尿臊)、刺玫花、五味子、黄芩、车前草、黄芪等。

采集的野菜和野果,大部分作为副食食用,很少当作商品来出售。

033

(山野菜——老山芹)

带有民族风味的野菜和野果,直到现在仍是招待宾客或年节食用的佳肴。采集的木耳、松子、猴头、蘑菇等,除满足自己的食用外,多数作为商品出售。

(都柿、蓝莓)

鄂伦春人采集工具很简单，没有专用工具。采集野菜一般是用手摘，或用小刀割。采集植物根最初用削尖的木棍（用来挖掘）或用力拔，后来用刀或锹。在采集"都柿"蓝莓时，有时用手摘，有时用桦皮制作的"古约文"（拾果具）采，长在树上的野果一般是爬上树，直接在树上采摘。如树太高，不能攀摘时，就用斧子把树砍倒来采。

采下来的野菜和野果，一般用皮口袋装野菜，桦皮篓装野果。"古约文"和挖掘用的"乌约文"等工具一般是现用现做，其他工具如猎刀、斧子等是属于各家所有的，各家自带。

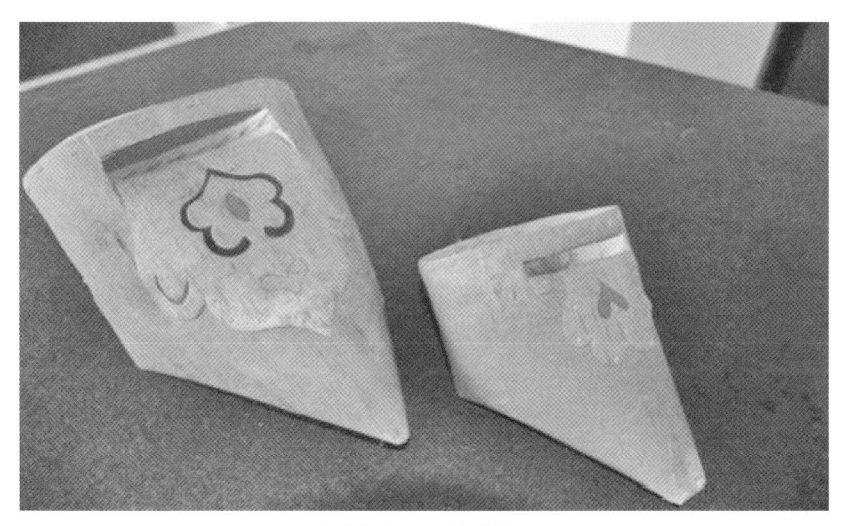

（古约文——捡果具）

鄂伦春人的采集知识很丰富，他们能分辨出哪种野菜和野果能吃，哪种有毒不能吃，并能将采集到的野菜、野果晒干储存，足够吃到翌年新菜出来时。

采集最多的是老山芹菜、柳蒿芽和野山葱。木耳、蘑菇、猴头较少。野果中只有稠李子、山丁子收获量较大，放在桦皮篓里封盖好，冬天吃起来也特别甜酸好吃。常用的中草药，夏秋两季采后晒干，储存好，以便随时使用。

(蘑菇)　　　　　　　　　　(采摘黑木耳)

山坡、草地和河流两旁等地是天然采集场,不用出去很远就可以采到各种采集物。采集场和猎场一样,都是公有的,到什么地方去采都可以,没有任何人干涉和限制。

生活中与人类关系最密切的就是食用植物。大小兴安岭的野生植物种类繁多,分布广泛。天然无公害的山野菜多生长在山野、林边、树丛,不仅营养丰富,口味鲜美,而且有医疗保健作用,民间有很多山野菜治疗疾病的药方。这些山野菜、山野果、菌类以及植物界的天然饮品等,以品种多样、品质优良、无污染、纯天然和产量丰富而盛名。

独特的饮食

鄂伦春族的饮食丰富多彩,形成了自己独有的特色。它不仅为鄂伦春人生存繁衍起了重要作用,也为各民族的饮食发展起了重要作用。

鄂伦春族以野生动物肉为主食,以鱼和野菜、野果为辅助食品。随着猎产品交换的发展,吃粮比例相应地有所增加。大自然为鄂伦春族的饮食创造了得天独厚的条件,提供了品种繁多的美味佳肴。

(一) 肉类的吃法

鄂伦春人经常吃的野兽肉有狍肉、鹿肉、犴肉、野猪肉、熊肉、兔子肉、灰鼠子肉等,其中以狍肉、犴肉为最多,一年四季均可以吃,其他肉类则次之。

"手扒肉"即煮肉,鄂伦春语称"乌罗仁",这种吃法较多,是家常便饭。一般是连肉带骨头一起煮,煮熟后便可以吃。但煮的时间不宜过长,时间长了,既不好吃,又不易消化。为了使手扒肉好吃,在碗里另放点盐加山葱末,再倒点肉汤作盐水。把手扒肉端上来,趁热用猎刀切一块,蘸着盐水吃。这种吃法,别有味道。如果舀上一碗肉汤,撒上盐及葱花,一边吃肉,一边喝汤,更是鲜香无比,且具有健身壮骨之功效。

吃手把肉

烧肉。鄂伦春语称"达格仁"。一般是出猎在野外没带锅时,在火堆上烧着吃。这种吃法与手扒肉味道截然不同,又香又脆,且不腻人。

烤肉。鄂伦春语称"席拉潭",意思是好吃。烤法是,用木叉子插上一块肉,在火堆上烤熟,烤出的肉香脆可口。这种吃法既简单,又方便,适合野外食用。

晒肉干。夏季天热,肉存放不住,就把肉煮熟后,切成小块晒在沙滩上。晒干后储存起来,一年四季都可食用。肉干有两种吃法,一种是平时当零嘴嚼着吃；另一种是在做面片、疙瘩汤和熬汤时放一些，再放些老山芹、野山葱调味，特别好吃。肉干是鄂伦春人极佳的食品。

晒生肉干，鄂伦春语称"乌力特"。晒这种肉干要挑选好肉，如里脊肉、大腿肉，切成条晒。晒法是放在木条架上晒，下边还要点火打蚊烟熏烤，以防蚊蝇落在肉条上。肉条晒干后，或切成小块或成条存放。"乌力特"大多是嚼着，又香又脆，味道极美，是鄂伦春族接人待客的上等食品，备受人们喜爱。

（晒肉干）

熬肉汤，鄂伦春语称"西乐"。做法是把肉切成大块，连肉带骨一起煮。再放点野菜（老山芹、山葱）和盐，这种肉汤喝起来特别爽口，是健身壮骨的滋补"佳汤"。

灌血肠，鄂伦春语称"沙阿色"。把整只狍子或犴剖为两半，心脏那一侧原封不动，五脏扔掉，全身的血便涌到胸腔一侧的"凹处"。待到大量的血流满凹部后，血逐渐分为三层，并形成三种颜色。这三色血最上面的血叫"兰班布佣术"，呈乳白色；中间的血叫"军真布佣术"，呈粉色；第三层血叫"鲜射"，呈深红色。把这三种颜色的血，分别灌入三根血肠中，分别煮熟，把准备好的佐料如盐、山葱、山韭菜花，用肉汤作盐水，然后切血肠蘸着盐水吃，其味道各不相同，特别鲜美、可口，是野外旅游和待客的佳肴。

灌香肠。做法是,把狍肉、狍肉与山葱,或老山芹一起剁碎,放入适当的盐,拌匀后灌入肠中。煮熟后,切着吃,其味极为鲜美,不仅是鄂伦春族的食品之一,也是待客的佳肴。

生吃肝、肾。刚刚猎获的狍子、犴和鹿的肝与肾脏,习惯趁热生吃。据说生食肝可清热明目,可滋补肝脏。生食肾可以强壮身体,有滋补肾脏之功效。

拌菜。人们把"布佣术"(血肠)、煮熟的野兽脑浆子、骨髓油这三样,放入山葱末、盐等拌匀趁热吃,是极好的菜肴。

吃狍头肉。吃狍头肉是待客的最好佳肴。狍头肉的做法是将剥皮洗净的狍头放在吊锅里,清水煮,不加任何佐料。煮熟后捞出,趁热蘸放有调味品的盐料吃,别具风味。

吃犴口条。犴口条,其味道不比猪和牛的口条逊色,吃法极简单,把犴口条煮熟后,切小块蘸盐料吃。但煮犴口条都是与犴头一起煮,这样不失其本味。

吃犴心、鹿心。把犴和鹿的心脏煮八成熟,切小块蘸盐料吃或拌着吃。

吃犴鼻子。将犴鼻子割下来,不用水洗,直接放在炭火中烧烤,待其毛皮烤焦后,用猎刀将毛灰和焦皮刮掉,用水洗净后,放进吊锅里,不加佐料,用温火清水煮 2 至 4 个小时,煮烂后捞出,蘸盐料吃,别具味道,是待客的上等佳品。

还有一种吃法是将犴鼻子用温火煮得烂熟,捞出晾凉,形同"胶冻"。用猎刀切成小块,摆放在桦皮盆里,蘸着加佐料的盐水吃。煮熟的犴鼻子有个特点,其味很浓,很远就可以闻到扑鼻而来的清香味,使人顿增食欲。

吃骨髓油,鄂伦春语称"乌满"。狍子的小前腿骨髓油一般是生吃,清爽可口,老人们愿意吃。而犴、鹿的大腿骨煮熟后把骨头敲开,白里透红的骨髓油会使你的胃口大开。吃骨髓,它有强壮身体之功效,能抗寒、解饿,而且有护肤的作用,是孩子们最爱吃的佳品。

(二)飞禽的吃法

飞禽,在鄂伦春族的饮食业中占有一定的位置,它给民族饮食增添了几分色彩。

飞龙汤(学名榛鸡,其体型较小,毛呈灰色)。飞龙汤有几种做法,一种是将洗净的飞龙肉剁成小块,放进锅中煮,约三五分钟后将汤从锅中倒出,加盐和野山葱末即可食用,或不加野山葱及其他任何佐料也可。另一种是,先将盐末撒在飞龙肉上,待锅里水滚开后,一手拿着飞龙,另一只手不停地用勺子将锅里的沸水舀出来浇在飞龙肉上,边浇边转,烫至六分熟时,再将整个飞龙连同山葱末一块放进锅里,在沸水中煮十分钟即可食用。飞龙汤清淡,色白无杂质,喝起来更是清香可口,别有风味。

值得注意的是,无论是哪一种做法,事前都必须把锅擦洗干净,使其不沾一点油星。要保持飞龙原有的鲜味,不得放任何调料。这样煮出来的飞龙汤才鲜美无比。

野鸭子的吃法。春季一开始,野鸭子成群结队地从南方飞来,人们便到河边或泡子边捕打。洗净鸭子肉,切成小块,放入锅中和少量老山芹或野山葱一起炖,煮熟后即可吃,很有味道。

天鹅的吃法。吃天鹅肉的方法,基本和吃野鸭子肉相同,但味道大不相同,天鹅肉要比野鸭子肉更清香可口。

大雁的吃法。吃大雁肉,先去毛洗净,再切成块,放入锅内,加盐、山葱末,用清水煮,煮熟即可以吃,其味与天鹅肉相似。

树鸡、乌鸡的吃法。先将树鸡或乌鸡的毛去掉、洗净,剁成小块,然后用犴油炒一下,加水、盐、老山芹或土豆一起炖,吃时肉和汤一起食用。

(三) 鱼类的吃法

大兴安岭地区鄂伦春人食鱼的方法比较简单,但很独特。

手扒鱼。把大鱼去鳞洗净煮熟后,取出鱼骨,在碗里加鱼汤、盐、山葱末等,然后用手扒鱼蘸着吃。

烤鱼片。将鱼洗净,用猎刀把鱼剖为两半,撒上少量的盐,用木叉子叉上,放在火堆上烤着吃。这种鱼片吃起来味道鲜美,是少年儿童们最爱吃的食品。

熬鱼汤。用清水,加盐和少量的老山芹或山葱一起熬,其汤鲜美无比,且营养丰富,是健身的极好补品。

炖鱼。将鱼洗净后,切成大块,放入盐、水和少量的五味子茎藤一起炖。炖熟了的鱼肉鲜美可口。

鱼豆。把鱼煮熟后,取出鱼骨,做成圆豆状,在做面汤或做面片时当饭豆。特别是熬汤时放入少量的鱼豆,既清香又可口。其味与鱼肉片的味道截然不同。

晒熟鱼干。把鱼刮去鳞,除去内脏,切成小块,用盐水煮熟晒干,储备起来,可以在食物短缺时食用。

(四) 野菜、野果类

人类在漫长的历史过程中早就认识到了野菜的价值。野菜的营养价值很高,而且风味独特,因而鄂伦春人至今仍有吃野菜的习惯。

老山芹。老山芹是最受鄂伦春人喜爱的野菜之一,无论是熬菜、熬汤或包饺子都可以用。老山芹除随采随吃外,大部分晒干、速冻,以备冬季食用。其食用方法很多,如可以和狍肉一起炒菜,吃过肉以后,可以用肉汤熬老山芹汤喝;或做面片、面汤、肉粥时放入适量的老山芹;或老山芹炖排骨,或用老山芹拌肉包饺子、包子,味道更美;有时,在猎不到野兽时,也完全可以用其充饥。

柳蒿菜。鄂伦春语称"昆毕"。在春季,人们都去采集。柳蒿菜的吃法很多,可以炒肉、拌菜、炖排骨等,均是最佳的上等菜肴。鄂伦春人把采集来的柳蒿菜都晒干或速冻,以备冬季食用。

野山葱。是鄂伦春人不可缺少的调料之一。无论是炖肉、熬粥、做鱼汤都用来调剂饭菜的味道,使饭菜更具有风味。

百合粥。春季,人们纷纷去采集百合根,一般是洗净生吃,又甜又脆,孩子们最喜欢吃。有时,人们熬粥时加入百合根,使粥更加香甜、可口,且富有营养价值。百合根不论生吃或熟吃,都受人们的喜爱。

秋季的兴安岭里野果很多,如都柿果(蓝莓),人们一般随采随吃,既甜又酸。都柿果汁可当饮料喝。为了在冬季能吃上新鲜的都柿,妇女们把都柿放入桦皮篓里封好,储存起来可以在冬季食用。

山丁子。鄂伦春语称,"莫力特",似红豆果,熟透变软,味酸甜。山丁子可以随采随吃,也可以把山丁子放入桦皮篓里封好盖,在阴凉干燥

(山丁子)

处存放起来,冬天吃起来味道更好。

稠李子。它有黄豆粒大小,且黑又亮,吃起来既甜又发温。人们把鲜稠李子采来,用开水一烫,捞出晒干,冬季用它熬粥喝或当零嘴嚼吃,很有味道。稠李子饭最受人们喜爱。把米粥熬好后或在已做熟的面汤、面片里放入适量稠李干,吃起来甜酸可口。

(稠李子)

都柿果（蓝莓）：鄂伦春人吃都柿果，不单纯是现摘现吃，而是集中采摘，加以储存，速冻或熬果酱，酿造都柿酒，用都柿果酱蘸馒头、面包片吃。都柿果汁、都柿果酒，是招待尊贵客人的佳品。

山葡萄、高粱果（草莓）都是随采随吃。

（山葡萄） （高粱果）

（五）粮食类

随着社会的发展，鄂伦春族和周围民族接触增多，开始用猎产品进行商品交换，其饮食结构也向多样化发展，不再是单一的肉类食物了。

面片，鄂伦春语称"挪达替"。有两种吃法：一种是锅里放点肉片（或鱼片），加老山芹（或山葱末）、盐作为调料，没有新鲜肉可放点肉干。和好面擀薄，再一片一片地揪进锅里，煮熟后加点犴油拌着吃。这种面片汤要稀些，不宜过稠。另一种做法是，用煮肉汤加点老山芹（或山葱）和盐，再揪进面片煮熟，这种面片吃起来也别有味道。

疙瘩汤（珍珠汤），鄂伦春语称"布儿冻"。锅内放肉片或肉干，放适量老山芹或山葱末，将面粉和水搓得又细又小，然后再放入锅内煮熟。这种疙瘩汤味道很美。另有一种做法，用煮肉汤加点水，直接扔些面疙瘩即可食用。疙瘩汤是老人们最喜欢吃的食物。

烧饼，鄂伦春语称"卡拉斯"。做法是把面和好，不用擀面杖擀，而用手直接压成圆形，把饼埋在热灰里烧，再翻几个个便烧熟了。这种饼很少烧糊，外皮稍硬，但里面又软又酥，很好吃，适合野外食用。

烤饼，鄂伦春语称"西捞乌"。做法是，和好面，用手压成圆形，用小

(揪面片)

棍插入面饼中间,放在火堆旁烤,直到烤熟为止。还有一种烤法叫"烤哈曼乌文",是放在吊锅里烤。不论哪种烤饼,都比较好吃,适合野外食用。

烙饼。人们先在炉子盖上烙,两面翻烙,均烙硬后,再放入炉子二层里面烤,再翻几个个便可烤熟。这种烙饼也很好吃,又软又酥。

油饼。把薄饼放入吊锅内,用犴油或野猪油等煎炸,炸成焦黄,脆而酥的油饼就炸好了。这种油饼儿童、老年人都愿意吃。

油茶面,鄂伦春语称"阿热",和汉族的油茶面相同,只是放些犴油吃。

油面片,鄂伦春语称"图胡烈"。做法是用清水煮面片,煮好后捞出来,拌犴油、盐、山葱末吃。"图胡烈"是招待宾客的极好佳肴,清香可口,别有风味。

烧饺子,鄂伦春语称"谢努乌文"。这种饺子包得个头要大,包完后放在热灰里烧。一个人吃一个饺子即能饱。年节时也吃水煮饺、蒸饺等。

蘸饼、蘸馒头。鄂伦春人喜欢用饼或馒头蘸油吃。首先把犴油或野猪油化好,然后蘸饼或馒头吃。因犴油爱凝固,所以加热后才能蘸着吃。

米饭,鄂伦春语称"干趴拉仁"。有两种吃法,一种是将米饭焖好后,盛在碗里,拌犴油吃。这种饭叫"笼贴"(即粘饭),一般要趁热吃,凉了容易凝结。这种饭既简便又抗饿,所以人们很愿意吃。如果饭里不放犴油,就另外做些肉汤、鱼汤或炒菜之类佐料。还有一种吃法,焖米饭时,把切好的肉,加上盐,一起焖饭。米焖好后,热上豆油,往米饭上浇油,一边均匀地搅拌,这种米饭非常可口。

米粥,鄂伦春语称"苏木混"或"阶儿特"。要用煮肉的汤熬成粥,一般是吃完肉之后喝粥,不仅便于消化,还能吃得饱。

肉粥,鄂伦春语称"西乐苏木顺"。先将米熬成粥,然后把切成薄片的肉、山葱末、盐一起放入碗中,并往碗里倒入沸开的米汤,用勺子拌匀。待粥煮好后,将拌好的肉片等倒入锅内。这种肉粥相当好喝。做这种肉粥,最好是用新鲜狍子肉。如果没有新鲜狍子肉,放入犴肉干也可。

(六)饮料类

鄂伦春人在夏天喜欢喝泉水、河水,冬天化雪和冰水喝。随着人们对植物认识的加深,刺玫果、桦树汁等便成了鄂伦春人最佳的饮料之一。

1. 刺玫果,即野玫瑰。野刺玫果生长在大、小兴安岭的原始森林及草地中。鄂伦春人春夏季采集刺玫果花及叶子,晒干后泡茶喝。这种茶喝起来气味芬芳,具有提神健脑、消腻除烦之功效,是最理想的保健茶。在秋季,人们多采集刺玫果充当食物。刺玫果肉很甜,因而人们往往放进嘴里细细品尝。据说常食刺玫果能使人健康长寿,所以鄂伦春人称其为"神果"。

(刺玫果花、刺玫果果实)

2. 黄芪。秋季,鄂伦春族猎人和妇女自采小黄芪当茶喝。小黄芪不仅是饮料佳品,也是医药补品,具有止血、消炎等功效。黄芪多生于草地或山坡上,阴阳面均有,是比较理想的饮品之一。

(黄芪)

3. 桦树汁是鄂伦春人的可口天然饮料,在每年五六月份春暖花开时,森林中各种树木水分充足,特别是白桦树,扒开树皮树汁自然溢滴下来。人们此时进入林中,无论是老年人还是儿童、男人、女人都兴高采烈地拿起猎刀,在树干下将树皮切开一个小口,树汁就不断流出来。人们便用桦皮碗接着喝,尤其是孩子们最喜欢喝。桦树汁有甜味,呈乳白色,像奶汁。猎人在打猎途中渴了,也用桦树汁解渴。

4. 五味子,是鄂伦春人又一比较理想的饮料之一。五味子属中草药。每到秋季,在河岸旁山坡上,红红的五味子成串挂在树上。妇女们带着丰收的喜悦采集五味子,并将其晒干储存起来。喝时,人们将五味子用开水冲泡,又酸又甜。经常喝五味子,不仅能解渴,而且还能提神醒脑,对治疗神经衰弱有显著疗效。所以,鄂伦春族比较愿意喝

(白桦林)

(采摘五味子)

"五味子"这个天然饮料。沁人心脾的五味子茶是鄂伦春族待客的上等饮品。

(七) 调(配)料

鄂伦春人在长期的野外生活中,发现了自己独特的"花椒""大料"等调味品。人们由于发现"五味子"茎藤是极佳的佐料,于是把它采集下来，储存起来。在炖鱼、炖肉时，把五味子茎藤切成小块，放入锅内一起煮，使肉和鱼的味道更加芬芳浓郁。为此，五味子茎藤已成为鄂伦春人的上等调味品。

老山芹、山葱、柳蒿芽都是极佳的野菜和调料，是其他的野菜无法取代的。如今，老山芹不仅属于鄂伦春族，而且也深受当地其他民族的喜爱，它的营养、健身用途已被越来越多的人们所认识、所喜爱。

（柳蒿芽）

（八）菌类植物

黑木耳是大小兴安岭林区的土特产品。

木耳营养价值丰富，含有对人体有益的蛋白质、维生素等成分，可以炝菜、炒菜、凉菜，特点是香脆滑嫩，味道鲜美，能起到清洗肠胃和消化纤维等作用。

猴头蘑形似猴子头，因此得名。它含有蛋白质、维生素与矿物质，营养价值极高，风味独具一格，是鄂伦春人最喜爱的山珍。人们经常用猴头蘑炖野鸡，肉炒猴头，其鲜美的味道让人回味，是极佳的保健食品。

(猴头菇)

"悠车"的造型艺术

鄂伦春族的悠车即摇篮,制作简单又很艺术。它不同于汉族和其他民族的悠车,使用起来既方便又实用。悠车是游猎民族生产、生活的产物。

悠车,鄂伦春语称"额莫刻",是用两块樟松薄板揻成U形,然后把两块板联成一体,使其形成约45度角。悠车的上身部分叫"滴力泥尼",是婴儿腰部和头部躺倚的地方。悠车的下身部分叫"阿嘎沙尼",是婴儿下身、臀部到脚伸开的空间。悠车这种造型可使婴儿自然躺卧,睡觉很舒坦。

鄂伦春人做悠车时,在选料上特别讲究。在原始森林多种树木种类中唯独选择樟松,是因为樟松木质轻、耐用,而且在水中浮力大。

鄂伦春人特别注重对悠车的装饰,做出来的悠车可以说是一个精美的艺术品。在悠车的两侧即婴儿头部,分别挂两个木刻的小动物雕像,一个是小鸟,一个是小老鼠,刻画得都较逼真可爱,很美观。为什么

(悠车)

要挂小鸟和小老鼠呢？据说还有许多说法。如挂"小鸟"，能使婴儿不闹耳底子，不患耳病；孩子如小鸟一样展翅飞翔，健康成长。挂"小老鼠"能使婴儿头脑发达，像小鼠一样伶俐、活泼，会成为勇敢的"莫日根"。在挂木刻小鸟、小老鼠雕像的同时，还挂上已晒干的鹿鼻子以求吉祥，再挂上少许用狍趾骨等制成的小饰物"枯皮兰"，做以陪衬。在悠车的背后还横挂有一串饰物，是用大马哈鱼和大哲罗鱼脊椎骨串起来的。当孩子啼哭时，摇动悠车，由于各种饰物互相磨擦、撞击，便会发出悦耳的声音，使孩子息哭，并很快入睡。

在悠车的头顶上挂有用黑布做成的小人雕像作为护身符。护身符一大二小，它们的腰上缠有红布腰带，象征着吉利；有的雕像耳、鼻、眼俱全，做得非常精致。

悠车做好后，里面的装饰也很讲究。上身部分用狍皮缝成皮口袋，内装动物毛当垫子；悠车内侧的头部分别做一个小布垫，婴儿的头向一侧倾斜时，以便倚靠。下身部分用皮做垫子，垫子上放干燥、粉碎的朽木末，不致硌着婴儿的臀部和小腿。

（护身符）

婴儿的小狍皮被也不逊色。被子从上到下，一连到底。两头（头和脚部）缝好，身子部分放一块布，用来裹婴儿的身体。婴儿躺在被子里非常舒服。夏季炎热，用布裹孩子，外侧用皮绳系好，不致使孩子从悠车里掉下来。悠车的两头拴一根较宽的皮带，用以吊挂或背负。悠车的头部要用沙布或白布罩上，以防蚊蝇叮咬或风吹日晒。

在布匹和纸张缺少时，鄂伦春族妇女就用柔软、温柔的犴毛垫在婴儿的臀部下面，孩子的屎尿都渗在犴毛上，用后即刻扔掉，既省事又方便。

在上山或搬迁时，鄂伦春族妇女将悠车背在身后或挎在胸前，很方便。随着马匹的颠簸，婴儿也会很快进入梦乡；平时则把悠车挂在"斜仁柱"里，使婴儿在悠车里安祥地玩耍或安睡，给家人带来无限的快乐和欣慰。

鄂伦春族的孩子在浓浓的狩猎氛围中长大。不管是闲暇时间，还是繁忙的劳作，婴幼儿从不离开母亲的身边，靠的就是摇篮。因此，摇篮的作用非常大，它使得鄂伦春族妇女哺育孩子和打猎两不误。

桦树皮制品

大自然是鄂伦春族生产生活取之不尽、用之不竭的源泉。"山谷多桦林,土人以为箭笥,为鞍板,为刀柄;皮以贴车为盖,为穹庐(帐幕),为扎哈(桦皮船);纵缝之,如栲栳,大担水,小盛米面,谓之桦皮斗。"①

桦树皮是从事渔猎经济、经常迁移民族不可缺少的自然原材料。桦树皮制品轻巧耐用,美观大方;材料来源丰富,且便于携带,又防潮。鄂伦春族的桦树皮制品充分展现了狩猎生活的特色,是特定自然环境的产物。

大兴安岭的塔河县十八站、呼玛县白银纳鄂伦春族乡的鄂伦春民族,直到现在仍然保留着桦树皮制作技艺,为研究桦树皮文化提供了丰富的资料。精美的桦树皮制品,主要出自鄂伦春族妇女之手。制品上雕刻的花纹和图案,古朴大方,给人以美的享受。

(一)桦树皮的剥取

剥桦树皮是在每年的农历 5 月进行。这个季节,树木开始发芽,水分充足,树皮最易剥掉,是人们剥桦树皮的黄金季节。猎人、妇女三五成群,前往茂盛的桦树林带,选择树干笔直、树皮光滑、少有疤节、直径 30 公分以上桦树。剥桦树皮的方法是,从桦树皮的一侧,用刀纵向划开,从上到下划 1 米多长的划口,用刀尖轻轻一撬,桦皮即可自然脱落。人们把树皮背回家,将外层硬皮及面上的表皮刮去,放在平坦的地方,用木头压上 3 天,使其平整挺直。

(二)制作桦皮船的材料及准备工作

桦皮船,鄂伦春语称"木沫沁",不仅是水上重要的交通工具,而且是传统体育比赛项目的器械之一。过去鄂伦春族狩猎和捕鱼都使用它。因为在夏季的密林深处蠓蚊叮咬很厉害,使用马匹十分不方便。而在密如水网的河流中,桦皮船就成为最理想的交通工具了。

---

① (清)西清. 黑龙江外记. 上海:商务印书馆,1936:96.

那么制作桦皮船都用什么材料、如何制作的呢？说起来简单，但具有独特的工艺技术。

桦树皮，需用3至4张，每张长约2.5米、宽约1米左右即可。

樟子松板。选择树质好、不拧劲的樟松，树围20厘米左右便可。剖砍樟松板，不可用锯，而用斧子按照树纹线一块块地劈，再用刀修好。制作桦皮船的肋条板每根约长80厘米，宽10厘米，厚0.25厘米，需80至100根。顺条板，大约长100厘米，宽3至5厘米，厚0.5厘米，大约需12至14根。围护帮（船帮）3块，两个船头一个船帮（分成2个薄板）长180厘米左右，厚3厘米，宽5厘米。

松树油。春暖花开时，松树上长的松树油是天然的防水、防腐的材料，可以用来胶粘桦树皮的接头处。当沥青输入山区后，人们就用沥青来胶粘接头和缝隙。

"抓那"，即木夹子。一般用柳木制作，用来夹船帮。樟木钉，用樟松做木钉，长7至8公分，四楞角一头粗、一头细，约需100余个。

"宁特"，即柳树线。鄂伦春人把小柳树皮用水浸泡，再剥柳树皮，用刀刮去树浆，便形成一缕缕的线，如果桦树皮有坏处，可用此线缝合。

锥子。用八号铁丝做锥子，用以钻眼，便于钉木钉。

横撑，用樟松木做4个横撑，当船中的间隔条，起支撑作用。

以上是制作桦皮船必备的材料。

（三）**桦皮船的制作方法：**

制作桦皮船分四个步骤进行。

第一步，组船身。在事先选择好的平地上（河边或山上），把压得十分平整的桦树皮顺着摆好，并把每张桦树皮的接头处用松树油或沥青胶合起来，将两块桦树皮粘上。用削好的内、外船帮把桦树皮夹住，用木夹子或者三脚铁夹紧，用木钉或钉子将其固定，然后在船身里纵向放置顺条，横向放肋条，摆放时要均匀。以保证船体的和谐平衡，相互间还要留出一定的空隙，这样利于蒸发水分，因为船舱里经常会溅入水花。将肋条的两端插进内船帮里，然后用寸劲将肋条摁进船底将其固定，在内船帮钉钉子处稍高一点的地方将其多余部分截断。接下来，用绳子将船身绑成U形，初步形成船形，观察船身直不直。

(第一步,组船)

第二步,起船头。"削出两根长度为两米半的樟松板,木板顶端留出 55 厘米左右,将其下部劈开,形成'人'字形,用绳子、铁丝等固定劈开部分。然后将内船帮两端并拢成'()'形,接头处用绳子系紧。用内船帮和'人'字形樟松板内外夹住船头处的桦树皮。夹桦皮的时候要不

(第二步,起船头)

断调整,剪去多余的桦树皮。分别将船头、船尾处桦树皮夹紧以后,观察二者的位置,必须将船头调整到船的中线位置后才能起船头"。①

"起船头时,点燃一小堆篝火,用烟火来熏烤船头处的桦树皮,使其变软,接着用斧子和锤头慢慢将船头举起。用夹子将船头两边紧紧夹住,用钉子钉牢。然后摆放在船头部分的顺条,将短小的顺条板压到中间顺条的底下,船尾的顺条则要压到中间顺条的上面,将两个接头压实。摆放好的顺条从头到尾形成流线型构造,可以减轻桦皮船在水中的阻力。顺条不能顶到船头,否则会把船头压塌"。②

"第三步,固定船体。按照一定的间隔,在内船帮两面对称地钻孔,然后把四根横掌分别塞进两边的榫眼内。在横掌上刻出一道道的装饰纹,这样一来美观,二来可以固定物品,不致使登杆、桨及枪支落入水中"。③

(第三步,固定船体)

①②③ 那敏.桦树皮船制作技艺传承人——郭宝林.北京民族出版社,2011:47—48.

"将船帮四周进一步用钉子加固。钉子的位置及其距离,是事先用尺子测量好并做上标记的,以保证钉出来的钉子整齐而均匀。最后,将加热的松树油或沥青涂在船底桦树皮结合处,防止其漏水。至此,桦皮船船体就完工了"。①

第四步:检验、晾晒

做好桦皮船以后,将桦树皮和樟松木自身的水分晒干,这样可使桦皮船船体变轻,此外还有定型的效果。制作工序结束后,需检验船身的封闭质量,看船体是否漏水,此时将桦皮船垫高,往船里倒水,观察船底是否有水渗入船舱。如渗水,找出渗水处,用松树油或沥青封堵漏处。

国家级非遗传承人(鄂伦春桦皮船制作技艺)郭宝林

第五步:制作附件——船桨和撑(登)杆

桦皮船船桨是用樟松板制成,长1.6~1.8米,厚5厘米。船桨分桨叶和桨柄两个部分,桨叶一面是平的,另一面中间有脊梁杆,很结实,在靠近桨柄处的桨叶两端,为防止水流进船舱。有的桨叶两面都带脊梁杆,那样的船桨在水中划行时没有水声。登杆用干的柳木或桦木料削成两个杆子,长0.8~1.0米。遇到浅水或逆水行舟时,用其支起撑杆,便可使船行进。

桦皮船的特点:

一是轻巧无声,迅速快捷。桦皮船同其他船只相比较而言,其最大

---

① 那敏.桦树皮船制作技艺传承人——郭宝林.北京:民族出版社,2011:50.

的一个特点就是轻巧无声。桦皮船可以说是人类造船史上最轻的船。清代方观承的《卜魁竹枝词》中就有一首诗向世人描述了桦皮船的轻巧便捷:"桦船携趁渡头忙,来往轻飞逐鸟翔。收拾烟波人散后,一肩帆影荷斜阳。"鄂伦春族人传统的桦皮船完全采用纯天然的材料制作,整个船体找不出一件金属材料。由于制作桦皮船的材料质地轻盈,所以成品桦皮船也就轻便异常,在搬运时一个人就能扛走。在陆路或山林间行走时,可将桦皮船装载于马上,也可以扛在肩膀上,遇水便可直接乘渡,一日可行数百里水路。因其轻巧,在水中划行几乎没有一点声响。

"快捷是桦皮船的另一个特征。桦皮船头尖尾锐,整个船体呈流线型,这种造型利于减少船体在水中行进的阻力,能够助其在水中迅速滑行。而桦皮船扁平的船体,使其吃水线极浅,因而它能够轻盈地随着波浪而行。正是桦皮船这种独特的造型,造就了它迅速快捷的特性。"①

二是载人运物,狩猎捕鱼。17世纪中叶以来鄂伦春人一直生活在江河密布、水系众多的黑龙江水域。不论是大江、大河还是浅滩、小水,鄂伦春人都使用桦皮船作为渡水的工具,运输各类生产、生活用品。除此之外,桦皮船还是鄂伦春人捕鱼和狩猎时的重要交通工具。桦皮船在水中划行时轻巧无声,动物不易发现,为猎人打猎创造了很好的时机。因此,夏季猎人们经常乘坐桦皮船进行狩猎。在张网捕鱼和临水叉鱼时,人们也经常以轻便的桦皮船为交通工具。

桦皮船是鄂伦春族人的水上交通工具,也是鄂伦春族传统体育比赛的运动器械。每当狩猎空闲或年节日,人们就会聚到大河小溪中,开展划船比赛,这项运动深受鄂伦春族人的喜爱。

(四)水中之舟——桦皮船

桦皮船,鄂伦春语称"木若沁",是鄂伦春族用来狩猎、捕鱼以及渡河、驮载的工具。桦皮船形制颇为特殊,敞口,船体中部较宽,船头、船尾尖细并微微上翘,状似剖开的梭子。素有"水中之舟"美称的桦皮船,灵巧实用,携带方便,轻便灵活,一个人就可以扛走,但运载量却很大,一次可乘坐三至五人,可载四五百斤重的东西,并可任意穿行于江河湖

---

① 那敏.桦树皮船制作技艺传承人——郭宝林.北京:民族出版社,2011:3.

泊之中。陆行载于马上,遇水用之以渡。顺流用船桨,逆水或浅水用竿撑。直到现在大兴安岭的鄂伦春族人仍然在制作和使用桦皮船。

乘桦皮船捕鱼,是鄂伦春人最拿手的绝活。人们站在桦皮船上,看到鱼甩手叉鱼,便能准确无误地叉到理想的大鱼。然后将叉到的鱼装在船里,再继续叉。还可乘桦皮船撒网,但没有高超的技术是不行的。又窄又浅的船身,如果掌握不住平衡,会连人带船扣入河底。人们在船上,一手撑船前行,一手撒网,然后还要乘船轰赶鱼群,非常方便。

(乘桦皮船捕鱼)

大兴安岭的鄂伦春族,还能用桦皮船打猎。由于这种船轻便又无声响,因而很容易接近野生动物。桦皮船载重量很大,装一只四五百斤重的大犴照样能在河中运行,所以是理想的狩猎运载工具。桦皮船不仅是渔猎工具,而且还是鄂伦春族传统体育比赛的运动器械。每当狩猎空闲或年节日,人们就会聚到大河小溪中,开展划船比赛,这项运动深受人们的喜爱。

桦皮船是鄂伦春人不可缺少的水上交通工具,不仅可以用其打猎捕鱼还可用其载人载物。

桦皮船在国内外享有很高的声誉,不论从制作技巧上,还是造型艺术上都堪称一绝。鄂伦春族桦树皮船制作技艺被列入国家级和黑龙江省级非物质文化遗产保护名录,当之无愧。

(五)其他桦树皮制品。

除桦皮船外,鄂伦春人制作的其他桦皮制品种类也很多。

1. 饮、餐具类

"木灵儿刻",即桦皮水桶。制作方法是,用桦树皮先缝制成一圆筒,然后上底,桶口镶有薄木边。在桶口边钻孔,穿入小横棍,便于手提。人们都喜欢用这种"木灵儿刻"到河边拎水,既轻便,又实用。

(桦皮水桶)

"阿汗",即桦皮盆。制作方法是,用一方形桦皮,将四角剪开,从剪开处折起来缝合,上口剪平镶薄木边即成,用它盛饭、装菜或用来和面、洗菜、洗肉都可以。

"阿参",即桦皮碗。制作同"阿汗"相似,只是比它小些。大人、孩子都用此盛饭盛菜,使用起来方便、耐用,不易摔破,特别结实。

(桦皮盒、桦皮碗)

2. 用具类

"空改",即带盖的桦皮桶,形状如铁皮水桶。这种桶制作较精细,盖和帮上均刻有各种花纹。大的可装肉干和粮食,小的可以装食盐等。它不仅容量大,而且又能防潮湿,是盛装食盐等物最理想的容器。

"昆该依",即桦皮篓,是用一张大的桦树皮,把四角剪开,折起缝合而成。它的形状底部大、上口小。上口镶有木边,有盖。盖和帮上刻有花纹。用它盛肉干、野果、野菜和粮食极好。妇女们上山采集野果,把桦皮篓系在腰上,用两只手采摘,特别方便。

(桦皮篓)

"奥纱",即针线盒(篓),它的形状有多种,有圆形、椭圆形、方形等。有盖,盖和帮上均有精致的花纹。"奥纱"是鄂伦春族妇女们不可缺少的用具,针、线、顶针、剪刀等都可以放在里面。

(针线盒)

"玛达拉",即烟盒,犹如茶叶盒。是用一块长方形桦皮,采用嵌合的方法制作而成。底和盖均为木制,上面均刻有各种花纹。这种烟盒防潮、耐用,又便于携带,是吸烟者们的宝物。

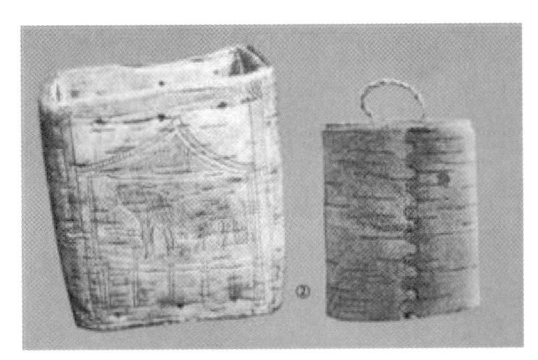

(烟盒)

"古约文",即拾果用具,制作方法如水桶,只是在口上多出一个舌形缺口。在舌形缺口上有锯齿,用它来刮小粒野果,一般是用其刮长在地上的野果,如都柿、"牙格达"等等,用起来方便,不用一粒一粒地手摘,能提高劳动效率。

"玛塔",即箱子,有长方形和椭圆形两种。箱盖和箱帮上都刻有各种图案,它是桦皮制品中制作得最精细的一种。用它主要是装衣服,便于存放和旅行携带。

(桦皮箱子)

"铁克沙",即"斜仁柱"的覆盖物。一块约10米长,1米宽,这种覆盖物主要是夏季用。制作"铁克沙"需要把桦树皮外层的硬皮和带黑斑的硬节皮剥掉,然后用开水煮或用水浸泡3天。经过这样处理,桦树皮更加柔韧,不易破损。一块"铁克沙"需用几张桦树皮缝合,并在其上贴有花边图案。一个"斜仁柱"需要5至7块"铁克沙"。也可以用扒好的桦树皮一块块覆盖在"斜仁柱"上。

"玛踏",即神偶盒,专门用来放神偶、神像之用。其制作简单,将一块桦皮折叠过来,两头缝合,中间留口即可。

(神偶盒)

制作桦皮制品,凡缝合所用线,均用马鬃线。用它缝合既结实又不易沤烂。制作桦皮制品,多为妇女承担,妇女是制作各种桦皮制品的行家里手,但桦皮船的制作却是鄂伦春族男子汉的专利。做桦皮船就像打猎一样,是男人们必备的本领之一,能够驾驶桦皮船进行狩猎、捕鱼,是男性必备的生存技能。

精美的狍皮服饰、用品及家庭手工业

(一) 狍皮服饰和用品

鄂伦春族是中国北方的狩猎民族,他们用勤劳的智慧创造了独特的服饰文化,代表了人类多元文化的一种类型,也是兽皮文化中的精品,风格独树一帜。鄂伦春族的兽皮文化保存得比较完整,种类繁多,内容丰富,艺术性也很强,具有典型狩猎毛皮文化特征。

鄂伦春族的服饰,有皮制和布制两种,并且随着时代的发展而不断发生着变化。

鄂伦春族服饰因季节、性别不同而不同。狍皮服饰款式、花样均比犴皮、鹿皮的要多,因为狍皮不仅柔软、实用,而且还便于加工制作。

鄂伦春人根据不同季节猎取不同的动物,并制作不同的饰物。冬季狍子皮厚、毛长且密度大,人们去猎取并用其皮制作狍皮"大哈"、狍皮被褥等,用来御寒,是冬季最佳的防寒用品。而在夏季,狍子皮皮薄毛短,其颜色为栗红色。用这样的皮张做短外衣和套裤,既轻巧又耐穿。

狍皮服饰主要有:

"狍皮大哈",鄂伦春语称"苏恩"。这种袍子带大襟,袍边和袖口均镶有黑皮云字花边,非常美观,青年人穿的皮袍要染成黄色。为了便于骑马,前后襟均有开衩,腰间扎黑色的带子。纽扣以前用兽骨制成,后来多用铜扣或皮子拧成的扣儿。"狍皮大哈"正反都能穿。"狍皮大哈"主要用于防寒、保暖,也有一定的伪装作用。女式"苏恩"一般为大襟,皮袍非常讲究装饰,在襟边、袖口前襟、衣襟、衣袖等处,都有各种图案,既美观又华丽。

(狍皮大哈)　　　　　　(女式"苏恩")

"红杠子"狍皮短外衣,带大襟,是春秋两季的服装。穿时腰间扎皮带,多毛朝外穿。"红杠子"毛短皮薄为红色,故称此毛皮为"红杠子"。"红杠子"不仅防水、抗湿、保暖,还有一定的伪装作用。女式短衣是以黑皮边为主,使领、襟、袖的装饰更加突出,更加美观。

("红杠子"狍皮外衣) 　　　　　女式短衣

"额勒开侬",即皮裤,是绣有各种花样和图案的长裤。女人们穿的裤子更为讲究,猎人们在野外打猎一般都穿上套裤,主要是为了保护长裤,以免灌木划破裤子。

童装:小孩的皮袍与大人的样式大同小异,装饰较少,结构也比较简单。对开式衣襟,皮板面向外。翻领、袖口、衣大摆也都翻边。后下摆有开襟,开衩上有简单的图案。

(童装)

"灭塔哈",即狍头帽,是用完整的狍头皮缝制而成的。在剥狍头皮时,要完整地保留耳、鼻、眼等部位,甚至连角也要保留下来,这样缝制成的狍头帽造型独特,具有典型的民族风格和适宜狩猎生产的特点。狍头帽不仅可以御寒,而且还能以假乱真,起到伪装作用,易于接近野兽,缩短射击距离,从而提高狩猎射击的命中率。

(灭塔哈——狍头帽)

"奇哈密",是用狍腿皮作鞋面、鞋勒、用鹿皮或犴皮作底的靴子。猎人们穿这种靴子时,里面要穿上狍皮袜子,垫上"乌拉草",这样再冷的天也冻不坏脚。"奇哈密"轻巧,且保暖,便于在冰天雪地里穿行,是野外生活的理想鞋具。

(奇哈密)

"皮恰克",即五个手指的绣花手套,是用秋冬季小毛狍皮制作成的。手指背及五个手指上绣有各种花纹图案,很漂亮。有时,妇女们也用犴、鹿皮当面,绣上花,里边挂上猞猁和灰鼠皮,既暖和又美观。

(皮恰克——五指绣花手套)

"夸夸洛",即皮手闷子,这种手套很像"拳击"运动员的手套,分大拇指和四指两个部分,手腕处有个开口,便于打枪或干活时伸出手。手闷子表面绣有花样或镶有图案,这种手闷子的最大特点是暖和和方便。

(夸夸洛——皮手闷子)

"卡里那",即短皮袄,是用夏季的狍皮制成的,两面都可以穿。毛

(卡里那)

朝外穿可以当雨具用,因为毛朝外的狍皮不怕水湿雨淋。

"阿木苏",即皮套裤,是用夏季的狍皮制作的。一般其在皮裤外边穿,主要起防护裤子不被磨损的作用。

(阿木苏——皮套裤)

"得和力",即皮坎肩,用秋季的狍皮制作的,主要是妇女穿用。儿童穿的皮坎肩是用小狍崽皮制成,其皮子上的白点均保留下来,孩子们穿上十分可爱。

（皮坎肩）  （坎肩）

"沙马依",即萨满神衣,是用夏天犴皮和鹿皮制成的。上面绣有各种各样的花纹图案,十分漂亮。

（萨满神衣正面） 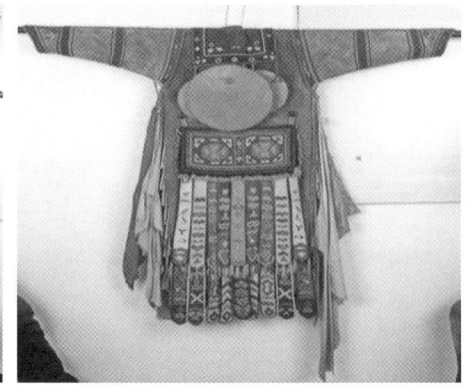 （萨满神衣背面）

"额伦",即狍皮围子,是"斜仁柱"上用的覆盖物。它是用夏季狍皮（红杠子）制成的,一般是由80—100多张狍皮缝制成的扇形状。一个"斜仁柱"需缝两大块"额伦",另外还要缝一个皮门帘,总共需用百余张狍皮。"额伦"上均绣有或镶有各种花纹图案,还要缝上一些穗子,非常漂亮,可以说整个"额伦"是个精美的艺术品。

"乌拉",即狍皮被,是大小兴安岭鄂伦春族猎人冬季出猎必备的寝具。狍皮被是用冬季的狍皮制成的,其毛多且密。狍皮被分两种,一种

（斜仁柱兽皮覆盖物）

是用多张狍皮缝合成的，如一般棉被；另一种是直接缝制成筒状，如睡袋。这种被使用起来较前者更为方便，更保暖。制作时，要选用绒毛厚密的狍皮，按需要剪裁。为使狍皮被携带方便，妇女们在皮被的背面和两侧缝有七八根对称的皮带，叠被时用其将皮被扎成小小的长方形被卷。猎人出猎时，将皮被放在马背上，晚间宿营时，随便席地铺放，钻入皮被里即可入睡，即使是三九严冬，也依然会使人们睡得暖暖和和，因此直到目前为止鄂伦春族猎手们仍然酷爱狍皮被。

"师克吐恩"，即皮褥子，是用狍皮制作，一般是将熟好的两张狍皮缝合起来。熊皮也可以当褥子，但妇女不准铺用。还有的将狍腿皮子熟好后，一张一张地拼合起来作褥子的，这种褥子既美观又实用，是妇女们很喜欢的一种褥子。这种褥子隔凉又隔潮，保暖性好。即使在野外也不必担心受潮着凉，是游猎民族席地坐卧不可缺少的东西。

此外，还有些日用品也是用各种兽皮缝制而成的。"猛格力"，即皮口袋，是用犴皮、鹿皮或兽腿皮缝成的，可以装肉干、粮食、餐具等物。出猎时，两个皮口袋连在一起驮在马背上，很方便，不仅能装载许多东西，而且还抗划耐用。

"乌塔汉"，即小皮口袋，用狍皮或鹿、犴皮做成的，能装 30 斤左右的粮食等物品。

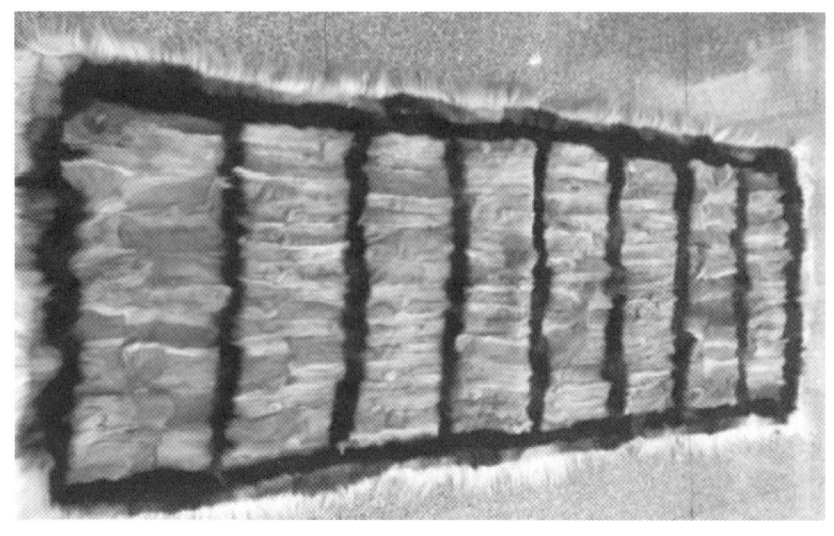

（狍皮褥子）

"卡秃各"，即烟包，是用两个狍爪皮缝制的。有的在烟包下端还保留着狍蹄子，很有特色。

"乌洛呼"，即烟口袋，是用鹿爪皮制作的，能装三四斤黄烟。用"乌洛呼"装烟，既能防潮，又便于携带，是理想的装烟用具。

（烟口袋）

烟荷包，是鄂伦春男女的主要配饰物，内装烟、火镰等物品。有皮质的,有布质的;有长方形、葫芦形等;有绣花和不绣花的。绣花的烟荷包是在呢子料、布料等上面绣有各种图案花纹,色彩艳丽、非常漂亮。

(烟荷包)

"卡皮"皮包,是用狍、犴、鹿皮制成,绣上花再加上各种皮毛装饰,巧妙搭配,图案色彩明快,中间部位用彩线绣有象征意义的图案,妇女用此皮包非常好看。

(皮包)

绣花背包:是绣花工艺品,彩布加彩绣,运用不同色调面料相间拼接,形成有一定规律的色彩绚丽特色背包。

(绣花背包)

现代服饰：到了近代，随着商品交换的开始，具有各种花色的布匹、绸缎等逐渐输入到鄂伦春族地区。现代服饰用各色布料、纱料、绸缎料来制作。风格和款式仍是鄂伦春风格，在衣领、袖口、开衩处镶（绣）有美丽的装饰图案，既保留民族服饰特色，又运用丰富多彩的现代纺织面料和琳琅满目的装饰花边。

鄂伦春族妇女，是熟制兽皮和缝制各种兽皮制品的能手，皮制品基本都是由妇女们来完成的。她们心灵手巧，制作的皮制品既美观又耐用。妇女们穿戴更加漂亮，男人们穿戴更加英俊潇洒，骑马挎枪，可以自由地驰骋在浩瀚的林海和茫茫的雪海之中。

（二）家庭手工业

鄂伦春人的手工业，与其生产特点和生活需要联系密切，在整个经济生活中也占据重要的地位。过去，鄂伦春族的衣着、铺盖、家具以及某些简单的生产工具等，都是来自手工业制品，满足生产、生活的需要。手工业是鄂伦春人经济生活中重要的组成部分，而且是紧紧围绕着狩猎生产而进行的。男人从事狩猎和捕鱼生产。制作狩猎和捕鱼所需要的工具；妇女从事采集、制作皮制品和桦皮制品。只有部分骨制品、木制品和铁制品才由专门人员制作。各家制作这些手工制品，都是去请专门人员来制作。这些工匠从不拒绝，也不要任何报酬。但是请制作者一般都要送些肉或皮张来酬谢。

(制作桦皮制品)

1. 编织品

鄂伦春人利用各种动物的毛进行编织。在长期的狩猎生活中,鄂伦春族逐渐发现兽毛是最佳的纺织原材料。为了满足狩猎及生活用品的需要,他们创造了各种编织艺术品。

鄂伦春人编织的工具很简单,用桦树或榆树一根,削成又薄又扁的木板。撅成U字形,长4寸。在U字形中间穿一根手指粗的小棍,成为中心轴,下面长出一块为柄,便于手握。形成Ψ形。这Ψ形的顶端钉一根小方木板,呈Ψ状。两头各有个小凹处,以系线旋转。这种编织工具叫"陈儿古刻(车勒古温)"。

纺线的方法是,首先由一个人一手拿"陈儿古刻",一手把着线,线头系在"陈儿古刻"的一头,手摇"陈儿古刻",其线就被拧成既结实又美观的毛线来,鄂伦春语叫"其挖仁"。

纺成毛线后,再由二人或三人用三个"陈儿古刻",其中一人摇两个,另一个人摇动一个,把线合成双股。然后,根据需要再缝合成长短、

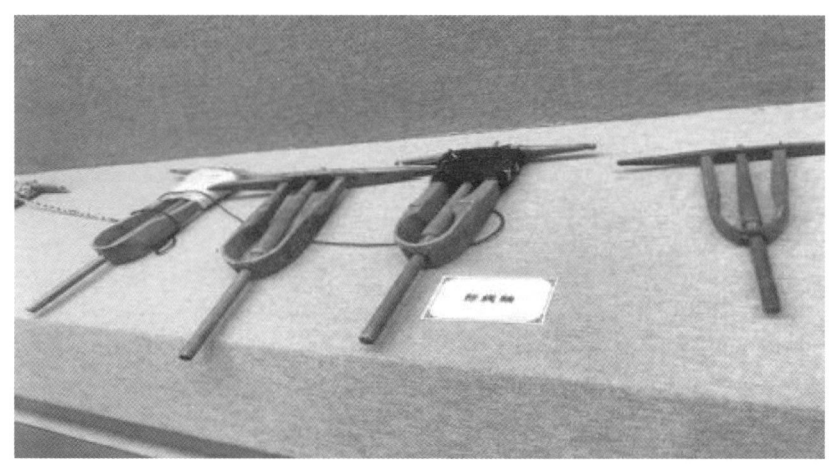

(纺线工具——"陈儿古刻")

宽窄不一的毛绳。

编织的原料有马鬃、马尾,还有动物的毛,如犴毛、鹿毛等。

编织品有犴毛褥子、挂网、马肚带等等。其中制作马肚带需要有较高的编织技术,人们把红、黑、白三种颜色的毛线巧妙地编织在一起,形成又宽、又漂亮的马肚带。制作马笼头,是将各种彩绳缝合成或编织在一起,也很结实、漂亮,很受人们的喜爱。用马尾来织眼罩。方法是先用细柳条制作扁圆框架,用马尾线绕框架编织成宽约 10 厘米、深约 5 厘米左右的网。然后放在水里煮,待干后将框架取出。这样处理后,网的弹性大,不易变形。再在网两侧钉上带,可系挂在耳朵上,这样马尾眼罩就做成了。如果在冬季,特别是在阳春三四月份雪光最强的时候戴上马尾眼罩,雪光就不会刺激眼睛了,就可以更好地从事狩猎生产。

2. 骨制品

筷子有木制、竹制、金属制等多种,而鄂伦春族的骨制筷子是骨制品当中很有代表性的一种。骨制筷子美观、实用、结实,携带和使用又方便,可与象牙筷子相媲美。其形状有圆形和方形,与木、竹制筷子相同。

鄂伦春人的骨筷子是用犴或鹿小腿骨制成的,鄂伦春人称这小腿

(骨筷子)

骨头为"音枯卡"。人们制作骨头筷子前,先把小腿骨两头截断,留下中间的好骨适用的部分,然后在骨头上面用刀轻轻地敲打,骨头自然裂成缝。翻过来,再敲打骨头的另一面,这样骨头两侧就会直直地裂开缝。人们把骨髓刮干净后,用刀背顺着直线划一条"缝",反复划几次,骨头就会裂成两条,再用斧子轻轻地刮削,慢慢大骨条就会被刮削成筷子状的小骨条。骨条形状出来后,再用刀一点点地刨光。最后用叫"嘎日"的刮削工具反复刮削几次,精美的骨筷子就做成了。一般骨筷子一头较细呈圆形,另一头呈四楞形。

鄂伦春族的骨筷子造型美观、独特,是精美的艺术品。

鄂伦春人用兽骨、兽角等做一些简单的用具。如坠子(口皮足),是用犴蹄硬壳做的坠子,挂在小孩悠车上,发出响声。指环(扳指),是过去用弓箭时必须带在大拇指上,增

(板指)

强手指力量。雕刻工具"突秃混",也叫"托克托文",是用鹿、犴或狍子的小腿骨制成的,长约 10 厘米,带齿的一头宽约 0.5 厘米,这种工具有 2 齿、3 齿及 4 个齿。"突秃混"是用来做桦皮制品时刻压花边、花纹和图案的。

3. 木制品、铅制品、铁制品

木制品

鄂伦春人所做的木制品,多数都比较简单。如:斧把、鱼叉把、猎刀鞘、猎刀把、毛贺得勒、贺得勒的木柄、乌力安(鹿哨)、摇篮(悠车)、烟袋锅、烟袋嘴、弓背(用落叶松制作)、箭杆、木碗、手纺车、马鞍、马蹬、枪把、枪架、木神偶、木夹子、滑雪板等。这些制品中,除烟袋锅、烟袋嘴、乌力安、马鞍等细活只有个别人会做以外,其他一般物品,人人都能做,鄂伦春人的木工工具非常简单,过去只用斧子和猎刀,以后才有锯和凿子。在这列举几个典型的用品:

刀鞘:用桦木或其他木料制成,做法:先取一段木料,从中间剖开,用猎刀将中间挖成弧形,然后在两端和中间扣上薄铁片即成。

(猎刀及骨筷)

滑雪板:板长约七尺半,宽六寸,厚五厘米。用煮过的桦木板或松木板制成。做法是将煮过的木板前部垫起,或用绳子捆成前部上翘状(为的是滑行不被杂草阻挡),晾干后板就定了形。在脚下面的位置凿四个小孔,穿上皮绳,滑雪板下刻有浅沟,使皮绳陷在沟内,保持板底光滑,穿用时将板用皮绳子系在脚上,滑行时两手各持一木棍支撑。

(滑雪板)

鹿哨(鄂伦春语称"乌力安"):用落叶松或桦树制作。首先把木料选好阴干,接着一劈两半,使用专用的弯刀,将两半木料里面横向抠出一条一条凹槽,大约3厘米,小至1厘米的凹槽如音符一般,接下来再将两半扣好的半成品用鱼皮熬制成的胶粘在一起。要做到严丝合缝,最后把大的一头顶端修成如同嘴唇的形状。这样做出来的鹿哨声音浑厚响亮。鹿哨是鄂伦春猎人用来模仿公鹿的声音——似声工具,用于捕猎。

(鹿哨)

铅制品

铅制品主要制造子弹头,是使用枪支以后的事。使用火枪和"别拉弹克"枪以后,子弹不好买。鄂伦春人把铅熔化后铸造子弹头。过去主要是铸火枪和"别拉弹克"枪弹头。为了打灰鼠之类的小毛皮兽,不伤害毛皮,也做"七九"枪弹头。制造子弹头的工具有模子和铁勺,模子有两种:一种是铁的,是买来的;一种是石制的,是自己制作的。铸的铅弹有圆的和长的两种,圆的用来打小野兽,长的打大野兽。

铁制品

过去,鄂伦春人不懂冶铁,他们制作的铁制品都是从外地输入的,用坏后改制成各种工具,其中有制革工具,斧子、猎刀、鱼叉、推钩、马嚼子、马蹬(只能作铁梁,底是木制的)、口琴、剪子、顶针等。据说过去还用铁制作箭头,在鄂伦春人中并不是每个人都会做铁制品,只有一部分人才会制作。他们打铁的工具有锤子、钳子、风箱等。前两种是买来的,风箱是自己制作的,他们的风箱制作方法:是用长58厘米,宽11厘米的树叶形的木板。在木板的两边镶上狍皮,像手风琴一样折起,一头绑死留个小孔,另一头用两块木板做把,一张一合,就鼓出风来。

口弦琴:鄂伦春族称"朋努贺"。长四寸左右,是铁制的口衔乐器。一头开口处夹一非常薄的铁片,吹奏时,用手托着琴体,将尖端含在嘴里,进行口奏。震动后发出鸣声,其音量不大,音域较窄。但它能吹奏出各种曲调,并能模仿各种鸟鸣叫。口弦琴既能独奏,亦可合奏。

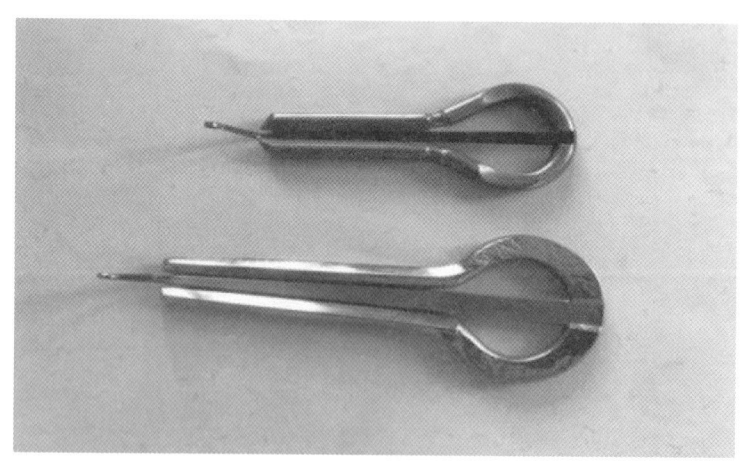

(口弦琴)

第三章　民间文学和传统艺术

鄂伦春族在长期生产斗争和社会实践中,既创造了丰富的物质文化,也创造了灿烂的精神文化。在鄂伦春族流传着大量的民间文学和传统艺术作品,其中有神话、传说、故事、史诗、叙事诗、民间歌曲、童话、笑话、寓言、谚语、谜语及民间乐器、舞蹈、刺绣、绘画、雕刻等。鄂伦春族的这些文化遗产,内容极其丰富。这些精湛的艺术遗产,是我国艺术宝库的重要组成部分。无论是口头创作、音乐舞蹈,还是造型艺术,都有其鲜明的民族色彩,独特的山林风貌,给祖国艺术宝库增添了许多古朴、典雅的珍品。

传说、故事

　　"斜仁柱"是人们进行文化传播的课堂。就是在这小小的"斜仁柱"里,流传着大量的民间艺术作品。鄂伦春族的口头文学传播极广。夜晚人们聚集在"斜仁柱"里,围坐在篝火旁,听老人们说唱那美丽动人的人类起源、同恶魔的斗争、民族祖先的英雄行为及"莫日根"同猛兽和恶势力作斗争的动人故事。每个夜晚对人们来说,都是美好而难忘的;每个故事和传说,都是催人向上、勇敢进取的号角。如流传至今的《懂鸟兽语的猎手》[①]中的故事,反映了宁肯牺牲自己、也要救乡亲们的"阿雅莫日根"的英雄事迹,用他的精神教育自己的后代,鼓励人们要做勇敢善良、舍己为人、无私奉献的人。

(一)民间传说

　　鄂伦春语称民间传说为"乌印",意思是"古话""说古"或"比早些年

[①] 隋书金.鄂伦春族民间故事选,上海:上海文艺出版社,1988年:115—120.

更早的真人实事传说"。称讲述民间传说为"乌依南"或"乌依嫩",意思是"对子子孙孙传授古代的事儿"或"将早年发生的事传给后代的子孙"。

(民间文学艺术家孟古古善)(1956年)

鄂伦春族的民间传说几乎反映了该民族人们生活的一切方面:有的讲述了民族历史上曾经发生过的重大事件和具有重大影响的英雄人物;有的讲述了远古时代民族迁徙的经过;有的反映了大小兴安岭和黑龙江一带山山水水及各种风物特色的由来和形成的历史;有的讲述了各种动物的特性、萨满的神奇故事、民族的风俗习惯等。

鄂伦春族的传说数量巨大,内容丰富多彩。大体又分为族源传说、民族迁徙传说、古代英雄传说、历史传说、地方风物传说、动物传说、民族习俗传说、革命历史传说等。它们记录了民族的历史和社会生活,歌颂了英雄人物的伟大业绩,表现了人民的要求和愿望。鄂伦春族人的狩猎活动、民间习俗、婚姻爱情、祖国富饶美丽的山川风物等无不在其中得到反映。它是鄂伦春民族历史生活的"百科全书"。

族源传说

族源传说是鄂伦春族人中流传较广的一类传说。如《九姓人的来历》《五大姓的来历》《五姓兄弟的传说》《库玛尔人是怎么来的》《柯尔特依浅传说》《那旦浅传说》《车车依尔浅传说》《白依尔民族传说》《敖伦浅传说》《查拉帮克浅传说》《乌永那浅传说》等。这些传说涉及鄂伦春族几个大姓氏的来历,它们力图从语义来追溯姓氏的起源和历史,反映了民族历史的基本面貌。

英雄传说

鄂伦春族的英雄传说具有狩猎民族的特色。英雄们往往是民族的祖先,体现了鄂伦春族人对祖先的崇拜。主人公具有过人的体力,射箭的技艺超群,智慧过人,为族人建立过卓越的功勋。他们或拯救族人于危难,或与威胁族中人生存的恶势力作斗争,形象鲜明生动,篇幅一般也较长,是口头叙事艺术高度发达的产物。

英雄往往有一个神奇的故事,如《吴达内的故事》,说吴达内生而为一个肉球,具有神奇的本领,一箭能射落五只雁,射穿石头山;还有许多脍炙人口的英雄传说,如《阿雅莫日根》《毛考代汗的传说》《喜勒特根》等。

英雄传说刻画了一个个勇敢、机智、剽悍,具有一身惊人的本领,身手灵活敏捷,富有正义感,不畏强暴,豪爽大度的英雄形象,深受鄂伦春族人民崇拜。

历史传说

鄂伦春族的历史传说往往具有严格的现实基础,少有神幻色彩,同历史的联系颇为紧密,虽然还难以说是严格的历史记录,但无疑反映出了历史生活的真实本质。

鄂伦春族的历史传说主要是围绕民族历史上的重大事件和历史事件中涌现出来的重要人物而展开的。在民族历史的关键时刻,在民族面临生死存亡的重大关头,这样的历史事件和历史人物就显得特别丰富。因此,每当这样的历史时刻来临的时候,历史传说便会应运而生、层出不穷。

为数众多的清初抗俄斗争传说中,《立克顶格的传说》《朱尔铿格的传说》最为脍炙人口,在鄂伦春族中广泛流传。

立克顶格、朱尔铿格等抗俄英雄的传说,《清圣祖实录》《黑龙江志稿》中都有反映,民间故事和传说把当年鄂伦春族参加这场保卫家乡、反抗侵略斗争的经过描绘得有声有色,使这一条条简短的历史记载更加丰富、更加鲜活了。因此,这些口碑传说除了本身的文学价值之外,也具有很高的史学价值。

(二) 民间故事

民间故事是鄂伦春族口头文学中流传最广、数量最多、影响最大、艺术成就最高的一种体裁。它的蕴藏极为丰富,情节曲折动人,结构完整发达,人物形象鲜明,内容涉及社会生活的各个方面,且富于神幻色彩和美丽动人的想象,是鄂伦春民族惊人的创造力和独特的审美理想的产物。

黑龙江省级鄂伦春乌勒尔(民间故事)传承人——莫桂茹

鄂伦春族人善于运用民间故事进行百科全书的民族文化教育,人们狩猎归来后,常常披着星月围坐在老樟树下的篝火旁,听老猎人如数家珍地讲述那些优美迷人的民间故事,在听、讲之间人们特别是孩子们受到了社会历史和生产生活等各方面的教育。讲民间故事的人很有才能,听的人颇感兴趣,甚至有的百听不厌。正因为鄂伦春族有不少这样的口头文学家,这些丰富多彩的民间故事,才能一代一代的保存下来。

神幻传说故事

鄂伦春族的神幻传奇故事相当发达,它是在民间流传最广泛,形式最完美,最为喜闻乐见的一种故事形式。浓郁的神幻色彩,丰富的想象力,具有英雄色彩的主人翁和离奇曲折的情节结构是此类故事艺术上的突出特点。鄂伦春族的神幻传奇故事一般均表现了正义战胜邪恶、善良战胜凶残的思想倾向,反映了人们美好而崇高的愿望。

《吴达内的故事》[①]是一个具有强烈英雄色彩的神幻传奇故事,是鄂伦春族民间叙事艺术的精品,具有高度的审美价值。

《懂鸟兽语的猎手》[②],讲述了猎人为了民族的利益,宁肯牺牲自己的可贵精神。

在鄂伦春族的民间神幻传说故事中,一组以社会化伦理道德为主题的神幻传奇故事尤其引人注目,这些故事已经完全摆脱了人物的英雄性和情节的神幻性,内容变得富于传奇色彩。如《仑巴春巴》[③]讲的是孝敬父亲的儿子最终得到了报偿,而不孝敬父亲的儿子则受到惩罚,是一个极其普通的实实在在的社会化伦理道德故事。

狩猎故事

游猎是鄂伦春民族世代以来的主要生活方式,在流传的众多故事中,狩猎故事自然占有重要地位,这些故事紧张、风趣、幽默、引人入胜。塑造了许多机智勇敢的猎手和英雄人物形象。他们有高尚的品质和良好的精神风貌,不畏凶猛的野兽,不怕困难,团结互助,吃苦耐劳。许多故事记录了猎手们对动物习性的观察和狩猎中积累的经验,对后人起到传授知识、技能和技巧的作用。故事具有浓郁的生活气息,一般短小精悍,语言生动活泼,流传甚广。

《毛义打猎》主要赞扬了狩猎生活中猎人互助团结和临危不惧、奋勇救助他人的可贵精神。毛义同一位老猎人共同打猎,突遇黑熊向老猎人扑去,就在同伴的生命受到严重威胁的时刻,毛义奋不顾身,纵身拦在黑熊前面。黑熊扑向前来,双掌抓住毛义的肩膀,但毛义拼死一摔,黑熊脑袋被摔到大石上破裂而死,老猎人这才得救。这种舍生忘死救助他人的勇敢行为,被鄂伦春族人视为高尚品质而在故事中得到充分肯定。

---

① 参见孟古古善口述,隋书金搜集整理.吴达内的故事.哈尔滨:北方文艺出版社,1962.
② 隋书金.鄂伦春民间故事选.上海:上海文艺出版社,1988:115.
③ 隋书金.鄂伦春民间故事选.上海:上海文艺出版社,1988:173.

《养狼的猎人》从反面总结了教训,含有哲理意味。故事说猎手希尔吉布抓了一头狼崽养着,想违反常规训练它成为狩猎的助手。谁知一次在深山行猎时狼的本性发作,当狼群大肆围攻主人时竟然同狼群一道向主人进攻,多亏被他冷落的猎犬救助才幸免于难。而这时,一位总是提醒他狼本性难移的朋友,及时赶到驱散了狼群,射死了猎人豢养的狼崽。狼的本性难移,狼的凶残不能不防,鄂伦春族又把这个故事作为一个极其重要的经验教训向青年猎手们传讲,流传甚广,影响颇大。

寓言、笑话、童话、神话、谚语、谜语

(一)寓言

鄂伦春族人民长期在深山密林中游猎,对于各种禽兽的习性都有极其细致的观察,他们用拟人化手法创造了许多以动物为形象的寓言。

鄂伦春族的寓言,数量虽然不多,但思想性和艺术性都达到了很高的水平。不仅思想内容进步、积极、充满智慧,而且寓意深长,耐人寻味,幽默辛辣,发人深省。如《飞龙鸟的故事》就是一个极好的例子。飞龙鸟原是一种比大鹏鸟还大,还威武的鸟中之王,它具有善良的心肠,为了解救群鸟免遭老雕的残害,它不仅恨恨地惩罚老雕,而且把自己身上的肉割下来,贴到树鸡、乌鸡、雉鸡和沙半鸡的身上,使它们恢复生机和活力。而飞龙鸟自己就变小了,它舍己救人,美名在外,受到各种禽鸟的推崇和爱戴。

这个故事赞扬了真、善、美,歌颂了助人为乐、勇于献身、大公无私的美德,深受人们的喜爱。

《欺师忘恩的老虎》的故事,是对看风使舵和吹牛撒谎之类行为的嘲笑与批评。

《雪兔和黑熊的故事》,雪兔之所以有三瓣嘴和长耳朵,是由于黑熊为了惩罚它撒谎而扯住它的耳朵,打了它耳光的结果;黑熊之所以一身

黑毛,是因为身上的毛被山火烧焦变黑的结果;而它的尾巴短,则是它听信了狐狸的花言巧语,把尾巴冻在河面上扯断的结果。

《树鸡的眼睛为什么红》则讲述了树鸡自不量力,在比赛中输给了对手,悔恨之余哭红了眼睛。

鄂伦春族的寓言故事内容丰富,形象生动,有鼓励人们反抗暴力的《灰鼠和黄鼠狼》;有讲述轻信恶言伤害自己伙伴的《雄灰鼠的悔恨》;也有对狡猾、奸诈、贪婪、吝啬、忘恩负义、看风使舵和吹牛骗人等性格的嘲笑和批评。如《狡猾的狐狸》《欺师忘恩的老虎》《蝙蝠的嘴脸》《白兔和黑熊的故事》等。这些寓言故事表现了曲折复杂而又广泛的生活,饱含生活的经验,通过比喻说明真理,概括教训,富有深刻的寓意。

(二)笑话

鄂伦春族的笑话,是颇受人们欢迎的一种幽默、喜剧性的小品故事。无论对敌人的揭露或对自己缺点的讽刺,都很有力量。用鄂伦春语讲这些笑话,听者无不捧腹大笑。

《布杜怒鸟和狐狸》的笑话,充满了喜剧性和幽默感,它们告诉人们,强大者也有愚蠢的时候,弱小者也不是那么好欺侮的。

《性急的猎人》:猎人见到狍子后,不是立刻用枪去打,而是性急到不顾一切跟在狍子身后追赶,狍子没有捉住,居然一直跑到死。

《两头落空》①的笑话告诉人们,要干成一件事,必须集中精力,绝不能被别的事情所牵制,也不能分散和削弱注意力,否则,必将一事无成。

《粗心大意的猎人》②是讲办事粗心大意,顾此失彼的人,这则笑话告诉我们,不论是对付野兽,还是对付坏人,都要集中精力,专心致志才能取得成功,达到目的,从而使人们受到启发和教育。

《三个懒汉的故事》③讲三个懒惰的人懒得离谱。嗓子渴得直冒烟,谁也不愿去打水,饿得肚肠直打架谁也不做饭。于是他们打赌,谁先睁眼或张嘴说话,就罚谁做饭。他们闭上眼睛背靠大树坐着。这时

---

① 隋书金.鄂伦春族民间故事选.上海:上海文艺出版社,1988:313—316.
② 隋书金.鄂伦春族民间故事选.上海:上海文艺出版社,1988:313—316.
③ 隋书金.鄂伦春族民间故事选.上海:上海文艺出版社,1988:313—316.

有猎人向他们问好,他们不予理睬,一群山雀飞来争啄他们的米,直到啄光,他们不睁眼;仅剩的一点肉被狐狸叼走了,三个懒汉明明听得一清二楚、谁也不管。又过了几天几夜,三个人快饿死了,才一起睁眼。这时什么都没有了。这个故事违反常理的夸大,使三个懒汉的故事成为鄂伦春人讥笑懒惰的有力手段。说明懒惰可耻,勤奋光荣的道理。

《一个盗马贼》[①],一个穷小偷,专以偷马为名。一次,他偷了两匹猎马,被马主找到。马主要把他带回自己部落。顾此失彼的马主发现两头长好茸角的鹿,两匹猎马让马贼牵着,马主只想打两幅好鹿茸,却忘了自己的两匹马。鹿茸没打着,两匹马也叫马贼骑跑了。他想追,马却没有了;回头再想打那两只鹿,早被枪声吓跑了。他火气大,反把自己气死了。马主死了,马贼乐了。[②] 这个故事是对马主没有主见,顾此失彼极大的讽刺。

(三)童话

鄂伦春族人通过丰富的想象,编出适合儿童阅读的童话故事,教育少年儿童认识生活,认识世界,培养儿童的高尚情操与美德,使孩子们能够健康成长。童话故事有两个明显的特征:一个是主人公大多为儿童;另一个是故事中的人物往往是拟人化的动植物,如《小莫日根除蟒猊》《金钢圈》《波尔哥》《小乌热的故事》《小诺诺复仇记》等,主人公往往是儿童或儿童感兴趣的事物,以儿童的英雄业绩和动物拟人化活动为题材,故事一般短小活泼。

鄂伦春族的儿童故事具有极高的审美价值,健康向上的立意,美好的形象,清新隽永的语言,极具吸引力的情节,在塑造儿童的优秀品格方面起着重要的引导作用。

《金钢圈》从故事一开始便富有浓郁的童话色彩,老猎人所烤制的面圈儿自动从篝火上滚开去,寻找蟒猊替鄂伦春人报仇。一路上面圈儿遇到花蝴蝶、针、量天尺(一种虫子)、蚂蚁、面糊、锤子等伙伴,大家齐心协力,终于把老蟒猊捉住,捆好,摔倒,打昏,杀死,烧成了灰,为乡亲

[①] 内蒙古自治区编辑组,《中国少数民族社会历史调查资料丛刊》修订编辑委员会.鄂伦春族社会历史调查.北京:民族出版社,2009.
[②] 隋书金.鄂伦春族民间故事选.上海:上海文艺出版社,1998:350.

们报了仇。最后小面圈领着它的小伙伴们凯旋,受到了老猎人的夸奖。故事以小面圈在途中遇到一个又一个伙伴,它们先后加入正义的复仇行列而展开,以大家齐心合力、各显本领制服蟒猊而达到高潮。这个童话富有深刻的教育意义,说明弱小者只要团结在一起,就能战胜任何强大而凶恶的敌人的道理。

《波尔哥》[①]讲了一个勇敢的小猎手历险的故事,他趁着爷爷上山背柴的时候偷出来,要到太阳升起的地方去取回美丽的常青树,途中他救了仙鹤、小鹿、小松鼠,这些小动物也给他以帮助,他经历千难万险之后终于带回了常青树的种子。常青树成为幸福、美好和成功的象征。波尔哥对美丽的常青树执著追求,他那善良、勇敢、机智、聪慧、富于同情和不畏艰险的性格特征,对儿童的健康成长起着重大影响。通过这一形象孩子们将会懂得,只有执著追求,才能得到成功;只有无私奉献,才能得到回报。

《小鹿的故事》是一篇赞颂舍己为人的奉献精神的故事。鄂伦春族老猎人杀死蟒猊的时候,不幸被抓伤,昏死过去。小鹿、狍子、白兔、啄木鸟、飞龙和猎马想方设法要救活老猎人。只有到伊勒呼里山去采来灵芝草才行。小鹿不畏山高路远,经过千辛万苦,终于把灵芝草采了回来,老猎人得救了,舍己救人的小鹿成为孩子们最爱的英雄形象。

(四) 神话

产生年代较早的鄂伦春族神话,如《吴达内的故事》《伦吉善和阿依吉伦》《阿雅莫日根》《神箭手》《白依仙姑》《白嘎拉山的故事》《吴成贵莫日根》《坤玛布库》《阿拉提布托的故事》《三仙女额胡娘娘》等等,在鄂伦春族地区流传广泛,众所周知。

这些神话是依据他们当时社会条件和认识能力,按照他们自身的形象创造出来的。这些神话中的神灵,不仅有太阳、月亮和山神,还有女性的神灵。这些神话,都是口耳相传保留下来的,一般都比较短小质朴,情节也不复杂。但都有浓烈的民族色彩和山林特色。这些神话具有一定的历史价值,是研究鄂伦春族社会形态的宝贵资料。这些神话

[①] 隋书金.鄂伦春民间故事选.上海:上海文艺出版社,1988:357.

反映了鄂伦春人在困苦和灾难面前没有屈服,坚信善定能战胜恶的社会发展规律。

《吴达内的故事》[①]或《英雄吴内达的故事》是由鄂伦春族民间口头艺术家孟古古善的讲述而流传下来的,而且被列入大学文学教材。这篇神话叙述吴达内为了鄂伦春族人民的生存,为了人民的利益挺身而出,历尽艰险,宁死不屈,死而复生,重去出征,终于战胜凶恶的蟒倪的故事。对吴达内的歌颂,就是对鄂伦春人民集体智慧和力量的歌颂,它充分反映了鄂伦春人民宁死不屈的反抗精神。

(五) 谚语

谚语是鄂伦春族民间口头文学的重要组成部分,作为鄂伦春族人民社会历史经验和生产生活经验的结晶,它体现了民族对自然、社会和人自身长期观察的结果,反映了整个民族自然环境、生产方式、思想感情和思维方式等方面的特色。[②]

鄂伦春族的谚语大多简短明了、语言精炼、便于记忆,具有很强的实用价值,人们用最精炼、鲜明、生动的形式对实践和结果加以概括,便于口耳相传,起到潜移默化的教育作用。[③]

规范社会价值取向的谚语

不怕野兽猾
就怕猎人笨

懒惰懒惰
挨冻挨饿

办事要靠智慧
狩猎要靠勇敢

---

① 隋书金.鄂伦春族民间故事选.上海:上海文艺出版社,1988:66—92.
② 关小云、王再祥.中国鄂伦春族.银川:宁夏人民出版社出版.2012.
③ 关小云、王再祥.中国鄂伦春族.银川:宁夏人民出版社出版.2012.

肥壮的猎马是侍候出来的
能干的猎人是锻炼出来的

狩猎能将人变成勇士
懒惰能将人变成魔鬼

狩猎才能得禽兽
勤劳才能有吃穿

不进深山老林
找不到美味猎物

好马飞跑一鞭之劝
好汉说话脱口就算

规范社会道德的谚语

骑快马的觉不出路远
朋友多的觉不出困难

放马要选丰茂的青草地
交友要找情真的老实人

处朋友定要忠厚
爱朋友胜过生命

山好不在于高而在于景
人美不在于貌而在于心

有麝自来香
不用大风扬

蛤蟆会被泥塘陷住
聪明人也会犯错误

休在人前夸耀自己
莫在人后议论是非

在阿谀奉承的嘴里从来说不出好话
站着跳不高
蹲着望不远

爽直的少年不能迷恋于花花姑娘
正直的男子不能陶醉于烈性酒浆

熬过严冬的猎人
深知春天的温暖

不要在急流旋涡里打闹
不要与贪官奸商们结交

青草只是一夏之盛
苍松可是四季常青

提倡学习和实践精神的谚语

不怕不知
就怕不学

不进深山
难得猎物

不学他人
不能获益

人虽聪明
不学不知

只要猎人用心学
不怕猎物打不着

松明已燃尽
知识学不尽

不下深水捉不到哲罗鱼
不上高山打不到梅花鹿

燕子窝是一口口垒起来的
狩猎经验是一点点攒起来的

松明子越来越少
经验越积越多

肉干虽然硬
越嚼味越浓

木柴填不饱篝火堆
河水流不满大海洋

风大吹不倒青松
雾浓蒙不住眼睛

有志者自有千方百计
无志者竟有千难万难

无能的猎手
总怪猎枪不好

无志向的人
总是怨天尤人

一辈懒一直到死一动不动
死后只是一堆霉烂的坟土

提倡团结精神的谚语

星多天空亮
人多智慧高

柴多篝火旺
人多力量大

树大,枝叶繁茂
人多,力量强大

好汉一人打猎少
众人围猎收获多

一根马毛打不成绳
一根杆子搭不成斜仁柱

四只蹄子踩不倒青草
四十只蹄子能压出茅道

一个猎人打不来活鹿
　　四十个猎人能围住鹿群

　　篝火能把严寒驱散
　　齐心能把困难赶跑

反映物候气象观察经验的谚语
　　天浮蘑菇云
　　暴雨即来临

　　松鼠上树尖
　　准有大晴天

　　有雨山戴帽
　　无雨露山腰

　　蚂蚁搬家天有雨
　　蚂蚁晒蛋天要晴

　　蚂蚁迁窝
　　洪水必多

　　蜻蜓飞得低
　　没有好天气

　　风三风三
　　一刮三天

　　东红有云西红雨

早晨下雨一天晴

反映狩猎经验的谚语

树叶绿在枝头上
狍子躲在背阳岗

夏天狍子影子红红的
冬天狍子屁股白白的

夏天寻踪看泥窝
冬天追踪看雪迹

雪前下夹子
雪后遛足印

熟透的都柿满枝挂
口渴的棕熊伸出爪

山坡橡子落满地
野猪膘肥有七指

西山出红云
碱场来鹿群

树根敲得梆梆响
貉子缩头忙躲藏

月亮套项图
出围别迟缓

> 黑夜蹲不起泡子的猎人
> 就打不着犴达罕
>
> 熬不起长夜的得不到鲜茸
> 吃不起苦头的成不了硬汉

（六）谜语

鄂伦春族的谜语，多是以动植物、狩猎工具、生活用品和人体结构等为谜底，暗示事物或形象等供人猜测，具有浓郁的乡土特色，听起来非常贴切生动。它是人民聪明智慧的结晶，能锻炼人的脑力，深受鄂伦春族人的喜爱。[①]

鄂伦春族人的谜语具有悠久的历史，富有浓郁的民族特色，谜语中所隐的事物一般均为生活中常见者，它不仅有娱乐作用，也有教育作用，具有悠久的历史，是民族文化的宝贵遗产。

以生活中常见的事物为谜底的谜语

> 一只狍子没屁股，肠子拖在身后边——针和线
> 白天上吊死去，夜晚复活过来——纽扣
> 两个山洞下，各结一个瓜——耳环
> 一个老头愁又愁，两只耳朵让人揪——吊锅
> 一件玩意没有脚，走来走去无踪迹——桦皮船
> 有个家伙多新鲜，前头后头都有脸——马鞍
> 一个老汉八十三，半边淌汗半边干——磨刀石
> 姑娘出门很谨慎，回来已经怀了孕——水桶
> 白天不合眼，晚上睡得沉——门
> 三十多个扯起来，互不放松——"斜仁柱"的架子

---

① 关小云、王再祥.中国鄂伦春族.银川：宁夏人民出版社，2012：91.

表现人体某些部分的物谜有

　　十个人,每个人背一块冰——手指甲

　　一座圆山周围七个洞穴——人的七窍

　　根根芦苇细又长,没有节骨没有瓢——头发

　　一座小山圆又圆,一对小鹿卧两边——眼睛

　　山两旁卧着两只小老虎——耳朵

　　两个秃子追十个人,怎么追也追不上——脚后跟和脚趾

　　一根朽木沉甸甸,白天黑夜冒热气——鼻子

　　一个水泡红亮亮,一年四季水汪汪——嘴巴

　　一群人儿齐不齐,围着池子来钓鱼——睫毛和眼睛

　　有两个人,肚子朝后背朝前——两个腿肚子

以动物和植物形成的谜语

　　草地上扣着四只碗——马蹄

　　一条绳子动不得——蛇

　　黑马肥,青马胖——熊和野猪

　　爷爷的拐棍拿不得,奶奶的包袱摸不得——蛇和刺猬

　　倒木底下一堆雪,春夏秋冬不融化——灰鼠肚皮下的白毛

　　夏天地来冬天睡下——爬山藤

鄂伦春族人所熟悉的事物和现象

　　贪吃的狍子,把山谷的草都给吃光了——"古约文"(采集都柿的工具)

　　一条绳子量起来没有头——道路

　　两座山之间,开心鸟在叫——口衔琴

　　走一步,丢只鞋——雪地的足迹

　　一棵樟松粗又长,根朝上来梢朝下——马尾巴

　　一条绳子缠了又缠,左绕右绕也缠不完——小路

　　桦皮船下没有水,桦皮船中彩云飘——摇篮

囫囵被上盖一条有千万个窟窿眼的破皮袄——夜空和星星

什么水里不能长鱼——井水

什么样的女人不能生孩子——画中人

草甸子上铺着块皮褥子——庄稼地

两山之间乌鸦叫——自制的口琴"朋奴贺"

打猎用具和武器在谜语中所反映的

有兄弟俩,哥哥进弟弟的房子进不去,弟弟进哥哥的房子又嫌太大——猎刀和筷子及刀鞘

一只鸟嘴尖又尖,一口咬死犴达罕——箭

树洞里突然飞出一只红鸟——火枪里射出的子弹

林子里飞出一只绿雀——火枪发射时的绿光

(七) 说唱艺术——摩苏昆

鄂伦春族是热爱生活、酷爱艺术的民族。在长期的狩猎生产和社会实践中,凭着对山林生活的特殊感受,以自己的聪明才智创作了大量的优秀文学艺术作品来颂扬自己光辉的历史,抨击现实不平的人世,憧憬美好的未来,从而形成了自己独具风格的民族艺术。如"赞达温"(民歌)、"伊哈嫩"(歌舞)、"坚珠恩"(叙事歌)、"摩苏昆"(说唱艺术)等。一代一代地口耳相传保留下来。其中,最古老的英雄史诗"摩苏昆"是鄂伦春族民间文学艺术的瑰宝。

"摩苏昆"是鄂伦春语,意为讲唱故事,并含有悲伤地述说或喃喃自述苦情的意思,多讲唱"莫日根"英雄故事和自己苦难的身世。现在我们所称呼的"摩苏昆"①是沿用了黑龙江省逊克县境内鄂伦春族的称呼。

"摩苏昆"在鄂伦春民间流传已有久远的历史,但作为一种艺术形式正式被人们承认,并用文字形式记录出版,是在 1980 年,黑龙江省鄂伦春族民间文学工作者、黑河市群众艺术馆副研究员孟淑珍发掘整理

---

① 吴雅芝.鄂伦春族百年实录.北京:中国文史出版社,2008:156.

出曾流传于黑河、逊克、嘉荫(原毕拉尔浅)一带的"摩苏昆"和"坚珠恩"10多部(篇),并首次发表于由中国民间文艺研究会黑龙江分会编辑出版的《黑龙江民间文学》第十七、十八期中,把鄂伦春族文化研究工作又引入一个新的高度,填补了鄂伦春族说唱文学的空白。

(国家级非遗鄂伦春族摩苏昆传承人——莫宝凤)

(国家级非遗鄂伦春摩苏昆传承人——孟淑珍)

1986年,在《黑龙江民间文学》第十七、十八期上发表的"摩苏昆"有反映英雄人物的《波尔卡内莫日根》《布提哈莫日根》;表现爱情主题的《枝诺努兰》;以动物为题材的《鹿的传说》;风物传说故事《娃都堪与雅都堪——姊妹山的传说》;表现社会生活的故事《雅林觉罕和额勒黑汗》《阿尔旦滚滚蝶——一个孤女的遭遇》。这些作品从不同侧面再现了鄂伦春族生产、生活的历史状况,反映了鄂伦春族先民认识、征服并支配自然的强烈愿望和对美好生活的向往。①

"摩苏昆"说唱故事的内容极为丰富,就已整理出来的10余篇作品来看,有惊心动魄的英雄故事,有青年男女忠贞的爱情故事,有受苦受难的生活故事,也有妙趣横生的动物、神话故事等,有着浓郁的山野气息。

---

① 吴雅芝.鄂伦春族百年实录.北京:中国文史出版社,2008:156.

"摩苏昆"的语言流畅、押韵、精炼、朴实,同时在故事的描述中还运用了比喻、比拟、夸张、排比等修辞手法,使故事情节显得异常曲折,人物形象十分鲜明。使听者如见其人,如闻其声,基本上保留了原始、单纯、叙事性强的特点。"摩苏昆"的曲调有固定和不固定两种,在说唱时二者可以交替使用。"摩苏昆"的音乐旋律一般以五声音乐或不足五声音节构成。旋律起伏变化不太大,但仍悦耳动听,并表现出浓郁的游猎文化特点。

音乐、舞蹈

(一) 音乐

我国是一个古老的多民族国家,每个民族都以其独特的表现方式创造了自己的民间音乐。一个民族的文化发展和自然环境有着密切的联系。长期与外界隔绝的游猎生活,使得鄂伦春族丰富多彩的民歌,以其特有的风格,顽强的生命力得以保存下来。鄂伦春族民歌以山岭上人的粗犷、豪放、多彩多姿、悦耳动听的曲调,揭示着鄂伦春族人民在那特定的历史阶段所经历的痛苦与欢乐。它是鄂伦春族人民的生产方式、风俗习惯等诸多社会生活的缩影,为我国民族学、民俗学、语言学等社会科学研究提供了宝贵的历史资料。

鄂伦春民歌,都是自编自唱的。一般是即兴演唱,内容多是歌颂大自然和爱情,叙述狩猎生活和反抗斗争,节奏明快悠扬。它们中间最流行的一支歌是《鄂呼兰,德呼兰》,曲调唱出来非常感人,是歌颂大自然的民歌曲调。

猎歌:猎歌是鄂伦春民歌中数量最多的,其内容多反映了猎人在整个狩猎生活中的感受,以及出猎前后猎手的不同心情。猎歌多形成于出猎途中或狩猎归来。猎手行进在崇山峻岭中,周围的自然景观加上猎手的心情,使得猎歌往往具有字少腔长、节奏自由、旋律优美等特色。猎手们大多掌握一些"赞达温"的曲调,常根据自己的感受,即兴编

(国家级非遗鄂伦春"赞达仁"传承人——额尔登挂)

(国家级非遗鄂伦春"赞达仁"传承人——关金芳)

出一些歌词来,即兴演唱。

情歌:情歌在鄂伦春族民歌中,也占有相当多的数量,多用质朴的实话,表达真挚的情感。其特点是歌曲内容坦率、质朴、淳厚、自然,有一种不加雕琢的真挚的美和纯真的爱,带有浓郁的山野风味。

儿歌:鄂伦春儿歌活泼可爱,曲调优美欢快,形式也活泼,有独唱的,还有对唱的,离不开小马、小鼠、小鸟等。

萨满神歌:鄂伦春族人信奉萨满教,他们认为跳神的萨满是神的化身,是神与人之间的代言人。每当遇到天灾人祸、疾病忧患等难解的事情时,就摆酒煮肉请萨满跳神,祈求神灵治病,赐福保佑平安。鄂伦春族人认为萨满是智者,是沟通神与人的使者,要在各种场合举行祭祀祖先、请神、求神、送神等活动。萨满跳神的仪式十分隆重,每个仪式中皆有神歌相伴,有时二神"扎列"还在一旁相帮,或随声附和,或一问一答。

歌颂好生活、感谢共产党的民歌,如五十年代初,在呼玛河流曾流行过《住上新房子》①的民歌。这首民歌以它那古朴而简洁的语言,歌

---

① 王肯.1956 鄂伦春手记.长春:吉林人民出版社,2002:232.

颂了共产党把鄂伦春人救出火坑以及鄂伦春族人民的感激之情。

反对父母包办、争取爱情自由是多少代青年男女的共同心愿。在呼玛河流域,曾经有七位英俊的猎手,热爱着七位美丽的姑娘,他们挣脱残酷的锁链,双双逃进深山去寻找自由幸福的婚姻生活。尽管他们失败了,却用生命和鲜血谱写了《自由三十天》的爱情篇章。

鄂伦春人还创作了许多适合儿童歌唱的儿歌,如《小黄马》[①]和《长腿的小鸟啊》[②]就颇受儿童喜欢。

(二) 民间舞蹈

鄂伦春族是一个能歌善舞的民族,不论是狩猎归来、闲暇之际的小憩,还是节日庆典、婚丧酒宴,鄂伦春族人都用歌声抒发自己的感情,用舞蹈表达对生活的热爱,歌舞是他们释放压抑闷心情和欢庆丰收的最好方式,也是对狩猎和采集等劳动场面的生动反映。

黑熊搏斗舞:是模仿黑熊斗架的动作,并发出怒吼声。此舞由三个人跳,不分男女和年龄。开始时,两个人上身向前倾,两腿向前屈,两手扳在膝盖上,两足同时蹦跳不息,两肩和头部摇摆,嘴里发出吼声,第三个人也在一旁做同样的动作,似劝解两个搏斗者停止搏斗,整个舞蹈把黑熊搏斗的雄姿用艺术手法再现出来。[③]

树鸡舞:舞姿是两人或四人半蹲着,手叉在腰上,来回迅速跳动,把树鸡嬉戏的样子模仿得栩栩如生。[④]

"黑熊搏斗舞"和"树鸡舞"是鄂伦春族人在长期观察野兽动作的基础上创作出来的。

采集舞:舞姿是两个女人,手拿或身背桦树皮篓摘果子,边唱边跳面对面转圈,一个往前走,一个往后退,转一圈,拍一下子,把摘果子的姿势活灵活现地勾勒出来,边唱边跳,抒发采集的喜悦。[⑤]

依哈嫩舞:是庆祝狩猎丰收时的一种舞蹈,舞姿是二人手拉手转

[①] 王肯.1956鄂伦春手记.吉林人民出版社,2002:253.
[②] 王肯.1956鄂伦春手记.吉林人民出版社,2002:248.
[③] 赵复兴.鄂伦春族游猎文化.呼和浩特:内蒙古人民出版社,1991:287.
[④] 赵复兴.鄂伦春族游猎文化.呼和浩特:内蒙古人民出版社,1991:287.
[⑤] 赵复兴.鄂伦春族游猎文化.呼和浩特:内蒙古人民出版社,1991:287.

圈,转两圈翻个身,两个人手拉手表示抬着野兽,转圈是表示马不老实,来回动,翻身是表示猎物已驮在马背上,用这样几个简单的动作,把猎人猎到野兽的喜悦心情生动细腻地表现出来。①

梳皮舞:是模仿加工兽皮、梳理兽皮子的舞蹈,舞者一般是 4—10 人不等,有刮、梳、熏、揉等梳理兽皮的动作,表现妇女们心灵手巧、在梳兽皮时欢声笑语的场面。

吕日格仁舞:是大闹一场的意思。舞姿是几个人或十几个人手拉手围成圆圈,由一个人领唱,众人合唱。领唱者先唱一句,大家重复一句,随着歌唱的节奏,各自从右向左转动,先出右脚,左脚再合拢起来,双手上下摇动,舞蹈动作轻松优美。整个舞圈顺时针方向转动,舞蹈动作由慢到快,越跳越热烈,中途可以随时加入或退出。

得勒古嫩舞:是扇舞,共 4 个人,两个人站在固定的地方,另外两个人围绕固定的两个人走"8"字,跳时两手扇动红绿绸,舞姿轻盈,犹如扇扇,故得此称。②

依和纳仁舞:是在氏族大会或盛大节日上跳的舞。跳舞时,每组 11 人,10 人手拉手围成一个圆圈,一个人站在圈的中央。舞蹈一开始,外围和中央的人都蹲着做小蹦跳的动作,然后站起来,仍然手拉手,边跳跃边顺时针方向转动。中央的人边唱边跳,外围的人也跟着合唱。这种舞不分男女,不分社会地位,全氏族的人都可跳。③

跳神舞:是宗教性的舞蹈,主要是萨满跳神,在举行跳神仪式时,通常是一个萨满跳;在萨满每年举行的祭神仪式时,是几个萨满合着跳。跳神的萨满一定要穿神衣戴神帽,手持神鼓,每请一位神唱一个调子,情绪有时热烈激昂,有时悲伤低沉,鼓点随之时紧时松,舞步时而急速旋转,时而慢步移动。跳神时,常有许多人观看,萨满唱一句,众人随声附和一句。参加跳神的人,都要严肃认真,不能说笑。④

鄂伦春族舞蹈是同民歌紧密相结合的,一般都是载歌载舞,舞姿都

---

① 赵复兴. 鄂伦春游猎文化. 呼和浩特:内蒙古人民出版社,1991:287.
② 赵复兴. 鄂伦春游猎文化. 呼和浩特:内蒙古人民出版社,1991:287.
③ 赵复兴. 鄂伦春游猎文化. 呼和浩特:内蒙古人民出版社,1991:287.
④ 赵复兴. 鄂伦春游猎文化. 呼和浩特:内蒙古人民出版社,1991:287.

很古朴,内容都同狩猎、采集、生产生活联系起来,给人们的生活带来了无尽的精神财富。尽管有些舞蹈和民歌被人们所淡忘,随着民间文化的挖掘抢救和非物质文化抢救工作的不断深入,鄂伦春民歌和民间舞蹈受到前所未有的高度重视,已被列入国家级或省级非物质文化遗产保护名录,相信在不久的将来,鄂伦春族民歌和舞蹈定能绽放出灿烂的光芒。

刺绣、剪纸、雕刻艺术

刺绣:鄂伦春人有一种习俗,姑娘到了十四五岁以后,就在母亲的教授下学习刺绣技艺。刺绣已成为衡量女子诸种技艺的标准之一。为此,女孩子从小就练得一手刺绣技能。久而久之,刺绣成为鄂伦春族的民间艺术。鄂伦春族的刺绣很有特点,刺绣技法多样,有金线绣,补绣、描样绣、套线绣等。

鄂伦春族妇女在皮制品、布制品和桦树皮制品上有一手好刺绣。从头上戴的、到脚上穿的,都要绣上各种好看的图案与花样。例如:在帽子、手套、皮衣上用各种彩色的丝线绣上小鹿、狍子、猎马、猎狗和山中的花草、蝴蝶以及各种花纹、图案等。经过刺绣加工的手工艺品,每个看过的人都称赞鄂伦春族妇女丰富的想象力和高超的刺绣技术。其特色简洁、明朗、浑厚、色泽鲜艳,反映出勤劳、勇敢、纯朴的民族性格。

鄂伦春族冬季穿的鞋多是用犴皮、鹿皮、犴爪皮缝制的,如"其哈密",是一块块狍爪皮拼成的。特别是高筒的狍皮靴子,缝制得特别精致。而夏季穿的多是皮底,面和帮均是布的,且绣有美丽的花纹及各种图案,特别是鞋面、鞋帮,都均匀地镶有美丽的图案,再绘上花纹更加漂亮。青年人服饰上的刺绣花案,色彩最是艳丽夺目。

（刺绣皮包）　　　　　　　　（狍皮靴子）

　　鄂伦春人的刺绣主要有两种：一是用针线直接在皮制品或布制品上刺绣；二是把皮板或布料剪成各种花样，然后绣在皮制品或布制品上。花样和图案多数是妇女们根据物品的大小和形状，随意剪出来的。可以想象，在过去的条件下，鄂伦春族妇女的想象力和创造力是何等丰富、高超。

（夏季服饰）

　　鄂伦春族在兽皮、布制品上的花纹，多表现在传统款式的女长袍的领口、袖口、襟边沿及两侧开衩，或男袍底襟两侧和中间开衩处。在这些地方均绣上鲜明的红、黄、蓝、白、黑诸花色纹图案。刺绣的纹样，花色尤其繁多，变化无穷，多以花草祥云为题。

　　绣在女袍衣领、五指手套及桦树皮制品上图案花样非常精美。如绣在手套上的图案表现出细腻和美观,手背及五指上都均匀地绣有花样图案,给人以美的享受。

花边图案则更能给人以古朴、纯真的印象。不论服饰、手套、桦树皮制品及"斜仁柱"覆盖物,都以花边图案来修饰、装点,使其更富有魅力。

以动物为图案的饰物也较多,如在神盒上人们用桦树皮剪些马的图案,缝在装有神像、神偶的"玛踏"神盒上,以使神盒更具严肃性。

(动物图案)　　　　　　(花边图案)

除此之外,人们还为孩子剪下各种动物的图案,来培养孩子们认识能力和判断能力,从而增长孩子们的知识。

以各种植物树叶为图案的花样,与动物图案花样构成一幅美丽动人的画卷。

据葛叔贤老人讲,过去在佐领及骁骑校的服饰上,专门有一种图案,表示佐领的象征。

剪纸:鄂伦春族民间剪纸包括剪花、剪样子、剪儿童玩具、剪纸花样、剪花纹样等。剪样子是指帽子、手套、烟包、套裤等小件,主要是为

(象征佐领图案)

了日后做活方便,常作生活用品制作前的样板。而剪花纹样是在服饰和生活用具的特定部位所需的纹样,主要运用于手套、烟盒包、衣服的开启部位,五指绣花手套、烟包、套裤、桦皮制品的顶盖等部位。

(剪纸花样)

鄂伦春人非常喜欢装饰,几乎每件用具上都刻上或者绣上不同式样的图案。

雕刻艺术：鄂伦春族的雕刻艺术主要体现在桦皮制品上，如盒、桶、娄、箱等，于器物的顶盖，上下边沿、腹身各部，都要刻绘上古朴浑厚的花纹图案。

（雕刻桦皮桶）

用"突秃混"（扎花工具）在桦皮器皿上进行雕刻是鄂伦春人一种独特的艺术。这种"突秃混"是用鹿、犴腿骨或者是狍子下腿骨制成的雕刻工具，它有二齿、三齿和四齿。二齿是用来雕刻器皿上的花朵，三齿和四齿则是用来雕刻花边的。各色纹样之中，常以古老的回纹作底纹形成，有规则的连续几何图形。一些器物的盖子，通常刻绘出大朵团花，并着以重彩，加强器物的整体美。

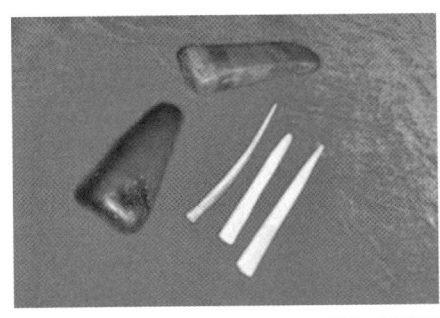

（"突秃混"扎花工具）

鄂伦春人的雕刻和刺绣很讲究对称，特别是左右两侧的对称。这种艺术是鄂伦春人对周围世界的长期观察积累起来的，从而成为特有的造型艺术。

在鄂伦春民族里,平面图案得到了相当程度的发展并在他们的生活中起过重要作用。这些图案在纳入装饰图案的同时,也广泛应用于宗教活动。

妇女们是日用品图案及祭祀用品图画的积极创作者,她们既装饰各种日用品——服装、靴鞋、帽子、毯子、盒子等,也装饰萨满用品,如神衣、神帽、神偶等。

男子也为骨制品、木制品和金属制品装饰图案。各类服饰和器物上的纹样,多是象征着光明、吉祥和友爱,充分表达了鄂伦春族艺术创造的才智。

第四章　宗教信仰

鄂伦春族信奉的萨满教是万物有灵、灵魂不灭和多神崇拜的宗教，是原始宗教的一种晚期形式。

萨满及其服饰和用具

（一）萨满的产生

萨满，是沟通人和神之间的使者。它代表人向神祈福、消灾祛病、消除妖孽，是人与鬼神交往的中间人，充当媒介。因此，萨满备受人们尊敬和爱戴。

相传鄂伦春族最早的萨满是女性，叫尼产。她体健敏慧，箭法神妙，威力无比，她集狩猎、采集、熟皮、缝纫等多种超人的劳动技能于一身。她对人宽厚仁慈，不辞劳苦，呕心沥血，为族人排忧解难，经常为他人看病，甚至从地狱中将死去的人救出。然而尼产的善行惹怒了天神，"死去的人怎么能让再复生！"天神开始惩罚尼产，把她扔入河水中淹死。尼产萨满虽被杀死，却给后世留下了萨满教。这具有上天入地、起死回生本领的女萨满，已成为女神英雄形象了，并世代流传下来。

什么样的人可以充当萨满呢？萨满并不是什么样的人都可以充当的，它有许多必备的条件。主要有两种，一种是世袭萨满的自然产生。据说萨满的祖先从家族的后代中选出一个年轻男子，继而这位被选的青年便会出现六神无主、神志多变、喜欢孤独等状况，有时甚至突然发作，失去知觉，这说明该青年的灵魂已被神招走，被召到众神的殿堂上去了，这时萨满的祖先神便教授他各种跳神的知识，并介绍众神的姓名和神通等。只有当这次神招仪式结束之后，该青年的灵魂才能返回体中,神志才会恢复正常。看来神招是以某种疾病或癫痫症突发的形式表现出来的,神授过程也是治病的过程,从而获取萨满的智慧和本领,是对初次神招所带来的精神,心理危机症结的解救办法。

萨满跳神常表现出精神恍惚,在此状态中据说他的灵魂已离开肉体,升入了上界或降入了下界。萨满善用巫术来取信于人,如:玩火、吞针等,从而达到治病卜卦等目的。

(萨满跳神)

(二) 神衣

萨满与神沟通交流,举行仪式时需要穿戴特殊的服饰——萨满服饰。萨满服饰既是萨满身份的象征,又起着护佑与帮助其施展法术的作用。[①]

萨满的神衣,一般是用鹿、犴皮制成。它是一件无领的对襟长袍,全长1.4米左右,由许多物件构成。神衣平日放在"玛路"神位上保管,不得弄脏,更不得让他人踏踩。

神衣上的各种物体的名称及作用,下面分别作以简单介绍。

"家哈屯",即披肩。是用蓝布或其他色布缝制成,上面饰有美丽的图案。前排系风纪扣,是神衣上面必备的装饰,美观大方。

"米勒雾",即肩上的小铁钩,两肩各有一个,是用小铁片制成的。铁片的一头缝进肩上的神衣里,一头露在外边,它是用来挂布条(伦都哈)的。

---

① 张敏杰.山林皮艺——兽皮文化研究.哈尔滨:黑龙江人民出版社,2012:107.

第四章　宗教信仰

（萨满神衣）

（家哈屯）

"比秃日各"，即神衣的对襟，有贴边，绣有美丽的图案，一边缝有纽扣，另一边锁有扣眼。

"克路踏"，即领花，是装饰物。

"恩克"，即项链，据说是萨满请神、跳神必备的法器，是用玛瑙、玉石或骨质制作而成。

"屋克冗吞"，即铜镜。神衣前片左右共 6 个，而且竖着各缝 3 个，

115

形成八字形,在中间缝3个"布基兰",形成小三角形。"屋克儿吞"在神衣上即乳房之意。当萨满请神起舞时,铜镜相互撞击,叮当作响,震耳欲聋。

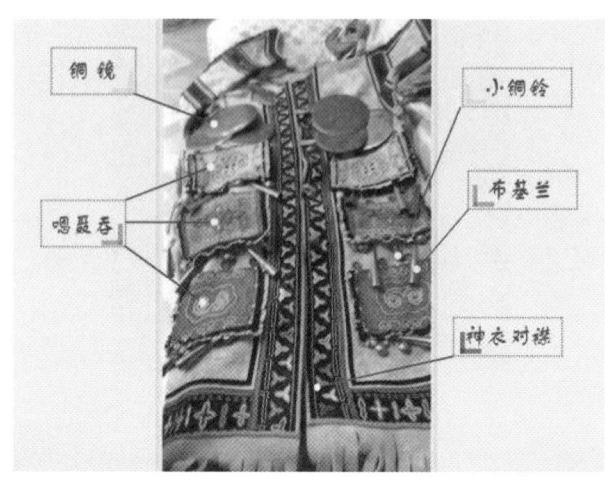

(萨满神衣正面)

"布基兰",是用小铁片制成的小喇叭状物,它的位置在神衣的前片两侧和前片铜镜两边的中间处,它是招神求神的法器。它能和铜镜、铜铃发出和谐的声响,悦耳动听。

"嗯聂吞",即小布兜,方块形,神衣前片左右各缝3块,都绣有美丽的图案。在每一块"嗯聂吞",安有"布基兰"和铜铃,它是神衣上的装饰物件。

"夸昂特",即小铜铃,缝缀在每一块"嗯聂吞"的下沿。它一方面起装饰作用,另一方面能发出动听的响声。

"伦都哈",把穗子缝缀在神衣下端,或直接用剪子把皮子剪成条形而成,主要用以装饰神衣。当萨满跳神跳到高潮时,与彩带等物一起飘动起来,很是壮观。

"龙抓",是缝制在神衣两侧的一种装饰物,形似龙爪,是用彩色线绣制而成。

"穆都",即龙,是用彩线绣制的龙的图案。"穆都"是吉祥物,缝制在神衣两侧。

"七儿达",即用小铁片制成的方形小锹柄,缝缀在神衣两侧的"穆都"(龙)下面,象征着武器。

"塔儿卡",由红、黄、蓝、绿等彩色布块组成,缝缀在神衣两侧,它既是装饰品,又是萨满的法器之一。

"乌色",即袖子,马蹄形,整个袖子被三道绣有花纹的黑布条横着分开,分为上、中、下三个部分,即肩、肘和腕三部分。

"阿卡儿吞",是神衣后边的大铜锣镜,形似大锣,其下面围有3个小铜镜。据说"阿卡儿吞"是萨满的护身法宝,也叫护身镜。

(萨满神衣背面)

"尼如儿特",即缝在神衣后背上的大布块,上面绣有美丽的图案。以中心大图案为主线,四周绣有许多小花作陪衬。也有的在"尼如儿特"上绣有动物的头像,如老虎头、鹿头等。这也许是图腾崇拜的一种反映。在"尼如儿特"的下端,一般注有几个"布基兰"来装饰。

"音姑烂",即神衣飘带,9个长的,9个短的,在每个飘带上,均绣有各种图案和美丽的花纹。"音姑烂"缝缀在"尼如儿特"的下沿。当萨满舞动起来,这飘带就会随之飘动起来,十分漂亮。

(尼如特)　　　　　　　("音古烂"——神衣飘带)

"得姑儿刻",即布飘带,是用红、蓝、粉、黄、绿各种彩布条配成,系于神衣两侧。"得姑儿刻"主要是为萨满跳神时擦汗用的。"得姑儿刻"是被治好病的患者给系的,治好一位就系上一条彩布,以示酬谢。彩布条的多少,也是萨满神通大小的标志。

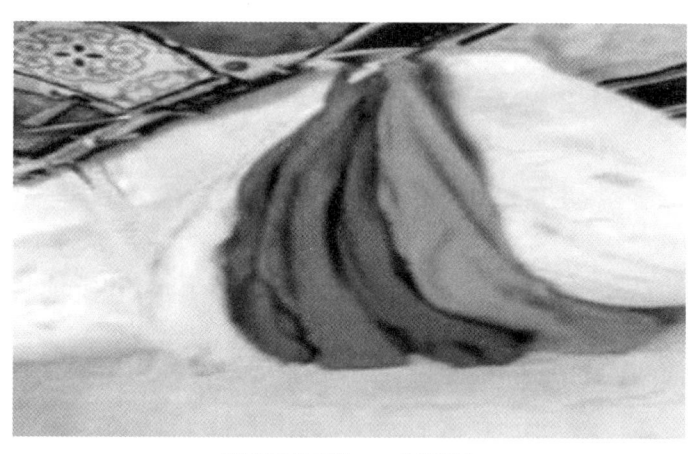

("得姑儿刻"——布飘带)

随着时间的推移,原始的萨满教消亡了,萨满逐渐离世,但萨满服饰还在。它是原始的萨满教留在人间的见证。在文化的殿堂博物馆里,它世代相传,用它特有的语言述说着人类的童年。①

---

① 张敏杰.山林皮艺——兽皮文化研究.哈尔滨:黑龙江人民出版社,2012:107.

（三）神帽

"布播嘿"，即神帽。它是由铁片为骨架，帽口系一铁圈围成，上面是一十字形半圆顶。在十字半圆顶上安有两只3杈或6杈的铁鹿角。"布播嘿"起支撑骨架作用。神帽既是萨满派别的标志，又是萨满品级的标志。

（"布播嘿"——神帽）

"依儿克"，即帽角，一般有3至9个角，用以挂铃铛和彩布条。"依儿克"可随着萨满品级的增长而增加，越是老萨满，帽角就越多。

"夸昂特"，即铃铛。一组一般由6个以上组成，挂缀在帽沿等部位。

"托哈特"，即小镜子，有的用亮铁片代替，安缀在帽前缘正中。一方面美观，另一方面据说可当照妖镜。传说过去萨满神帽上没有"托哈特"，结果萨满被鬼神打败了。后来，在神帽上安上"托哈特"，萨满就神通广大了，很快战胜了"妖魔鬼怪"。

"伦都哈"，即穗子，由五颜六色的彩布构成，缝缀在神帽的边沿处，起装饰作用。

"初烈特"，即遮眼。是以串珠或黑丝绺，缝在帽子前脸下沿上，用以遮挡萨满的眼睛。

帽子的周围及帽顶,要用布包好,并缝住,便构成了完整的神帽。

平日萨满很注意神帽的保管,而且备有专放神帽的桦树皮盒子,人们也格外尊重,从不拿神帽开玩笑。若把神帽随便乱放或踩在脚下,是对萨满的最大侮辱。

(四) 神鼓

神鼓,鄂伦春语叫"乌吐文"。是圆形扁平单面鼓,直径约50厘米,用狍皮或老狍皮制成。做神鼓用的皮子需先泡在水盆中,泡到皮子毛自然脱离为止。神鼓的框架,是用落叶松木制成。制作人到山中采来很直且没有疤节的松木来,用刀斧砍削成板条,然后剪成圆形的框架。衔接处要用哲罗鱼皮熬成的胶固定好,再缠上些绳子,在阴凉处晾干。然后再包好狍皮,形成鼓面。鼓的背面,把4根犴皮条拴在鼓框上,然后用4—5厘米的铜圈或铁圈把4根皮条连接起来作抓手。在鼓框边缘。挂以小铃或铁环,敲鼓时,会与鼓声形成和谐的音响。

(神鼓及神槌)

神鼓是萨满最重要的器物。如果萨满没有神鼓便不称其为萨满,鼓是萨满的必备神具。是获得灵感和力量并得以与神灵沟通的媒介。

(五) 神槌(棒)

神槌是用狍筋制作,外面裹以狍腿皮,缝好,一头粗、一头细。细头有皮环,勾在手上。[①] 做神槌一般用木棒、狍筋等。外面全部或一面包裹兽皮,是为了敲出的鼓声柔和动听,还能防止将鼓击坏。

---

① 赵复兴.鄂伦春族游猎文化.呼和浩特:内蒙古人民出版社,1991:240.

(六）神鞋

神鞋的鞋底是用犴皮，鞋靿是用布缝制而成的，上面绣有美丽的花纹图案。神鞋平时不穿，只有进行跳神仪式时才穿用。

萨满的神衣、神鞋多由妇女们缝制。而神鼓、神鞭、神帽则由男人们来制作。

萨满的神衣，神帽、神鼓等物，平时由萨满保管，不用时放在桦树皮制作的箱子里，放置在"斜仁柱"内"玛路"席位上，其他人不得随便翻动。尤其妇女不得触摸，更不能用脚踩。

神偶、神像与萨满祭礼

（一）神偶

"神偶，即是原始宗教崇拜中的被赋予神格化了的某种灵物或偶像，认为具有某种超人的神力依托其上或其内，能作用于人类或能影响与庇佑于人类的生命，进而予以奉承，供养和崇拜"。[1]

鄂伦春族的神偶崇拜，是萨满教的重要组成部分。鄂伦春族的神偶可分为五类：一类是木制的，采用天然的木料精心雕刻；二类是画在布上或纸上的，画得栩栩如生，并涂上颜色；三类是绣在布或皮子上的，其形象更为逼真；四类是刻在桦树皮上的，用雕刻工具刻出各种图案、花纹；五类是用草类编扎成的。木刻的神多为祖先、自然等图腾崇拜的神灵，画像神多为野外的神，即古老的神灵；刺绣的神则是管马，牧草的神。

1. 祖先神神偶。

"阿尼冉"布堪（神），是木刻神偶，9 个小人连在一起。传说，这 9 个人生前一起生活，一起劳动，是共同战胜艰难险阻的患友。他们 9 人"生死不离"，故受鄂伦春人敬重，供奉为神。9 个小木刻神偶依次排在

---

[1] 富育光.萨满教与神话.沈阳：辽宁大学出版社，1990：294.

一起,有木底座,意为地;上面用薄木片撖成半圆形意为天。9个小人的头部是菱形,画有眼、鼻、嘴等。

("阿尼冉"布堪神偶)

"乌溜千"或"吴柳千"布堪(神),相传"乌溜千"布堪是一条腿的神。他耳灵、眼快、跳得远,神通广大,能腾云驾雾。他蹦跳的速度惊人,能从这个山跳到那座山,并有顺风耳,千里眼的本领。所以,鄂伦春人供奉为神。"乌溜千"神偶的形状是头部宽,上身略比头部窄,它的下身又细又长,而且是单腿的,直立于一横木上。

("乌溜千"吴柳千布堪神偶)　　(黑夜保护神)

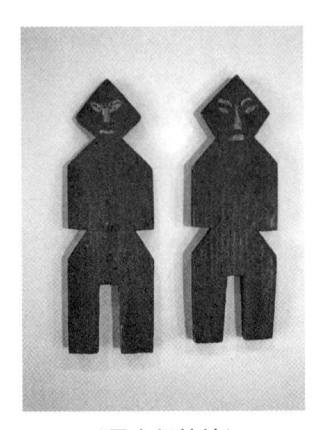

"得勒波恩"布堪(神),即"黑夜保护神",相传他们是夫妻俩,专在夜间活动,保护鄂伦春人夜间不被鬼神妖魔伤害、恐吓。黑夜保护神的形状全身漆黑,只有眼睛、鼻子、嘴唇呈白色。头部是菱形,上身长,两腿叉开,呈站立状。

第四章　宗教信仰

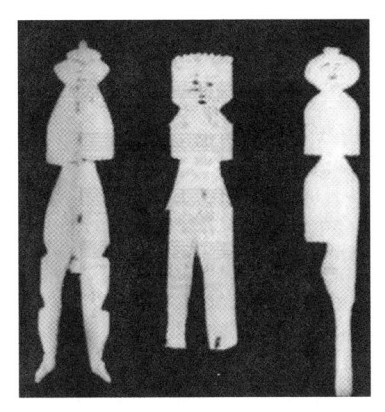

乌溜千(右一)单腿神、恶神蟒倪(中)

"卡稳(万)"布堪(神)。相传"卡稳(万)"是佐领的副官,是久经沙场的常胜将军,他智勇双全,对敌斗争无比英勇,用鲜血和生命保护本氏族人不受敌人的侵犯。人们非常敬仰他,便成为人们崇拜的神。"卡稳(万)"神像头大,画有眼睛、鼻子和双耳;胡须较长,身上穿有盔甲,威武状。

("卡稳(万)"布堪神偶)

"库粒近"布堪(神)。是用野草编织而成的带有长尾巴的人形神偶。据传说,"库粒近"原是一个长着3丈长尾巴的美女,她聪明、贤惠,嫁给了一个心地善良的瘸子。瘸丈夫心眼太实,将她长尾巴的秘密告诉了别人。消息传出去,"库粒近"受不了流言的压力,便自杀身亡。其丈夫十分愧疚,也投河自尽。"库粒近"死后,人们常听见她在山林中唱

123

着悲歌。人们哀其不幸，便开始祭奠她。这样，就不再听见她唱的悲歌了。制作"库粒近"神偶，要用长在河边的"须烈"（鄂伦春族：一种草），先扎成身子，然后做成长尾巴，先绕脖子一圈，再缠住身腰，只留点尾巴露在外面。

（"库粒近"布堪神偶）　　　　　　（老萨满孟金福夫妇制作神遇）

以上介绍的神偶都是崇拜祖先的神。

2. 自然神神偶

太阳神，鄂伦春语称"滴拉洽布堪"。在鄂伦春人看来，太阳是给人间以温暖和光明的恩神，因此非常崇拜此神。在所供奉神像画面的上角，一般都画有光芒四射的太阳，祈求太阳给予温暖和阳光。太阳神的神偶为圆形，在它的边有个小孔，用来串线挂在神位上。

（太阳和月亮神偶）

月亮神,鄂伦春语称"别亚布堪"。在鄂伦春人的心目中,月亮是位慈祥、善良的女神,月亮是夜里当空照明的神,注视着百兽在夜间活动的状况。所以,出猎数日打不着野兽,就要祈求月亮神多赐猎物。月亮神偶形状为半圆形,如弯弯的新月。

星星神,鄂伦春语称"圈儿盼"。狭意专指启明星。鄂伦春人在大自然中狩猎,对天上星星的方位都了如指掌。因而在夜间行走也会准确地辨明方向而不迷路。因而人们对星星也很崇拜。星星神的神偶,要刻成似儿童玩具哑铃状,两头呈尖四菱形,中间凹处系着小绳,与太阳神、月亮神联在起,悬挂在神位上供奉。

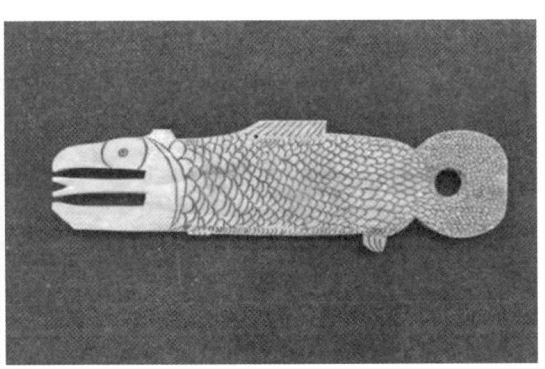

(星星神偶)　　　　　(昂弟博阿——雷神)

雷神,鄂伦春语称"昂弟博阿"。相传在远古以前,天很低很低,每当下雨打雷,都有雷击死人的情况。因此为了不被雷击,人们便开始信奉雷神并上供、磕头,祈求雷神不再给人们带来灾难和不幸。雷神的偶像为扁形,满身刻有鱼鳞,尾部是圆柄,有小孔,鱼鳞较密,头部刻有眼睛和锋利的牙齿,其形状威武。

3. 飞禽、动物神神偶

鹰神,鄂伦春语称"得义"布堪。鄂伦春人敬奉鹰神,据说因为它是保护神。鹰的双翅可以保护着主人;鹰的双眼能识破妖魔鬼怪;鹰的利爪能捉鬼神,祛灾驱魔。在鹰神偶上,人们画有美丽的似羽毛状的"花纹",翅膀张开,似翔。鹰尾突出,似把握方向。腹部有利爪。背部钻个小孔,是用来拴小绳以便挂在神位上。

("得义布堪"——鹰神)

龙神,鄂伦春语称"穆都"布堪。传说龙是神奇的动物,身体庞大,很长,有鳞、有角、有爪,并且能走会飞,能游泳。鄂伦春人视为风雨的象征,供奉为神。龙神偶是用薄木片刻制成的,在头部画上眼睛,上下嘴唇间有锋利的牙齿,周身画出细细的鱼鳞等。鄂伦春人对龙特别虔诚,每当生活有逆境、打猎欠丰,或者有自然灾害时,总要供奉龙神,向它祈祷以求保佑。

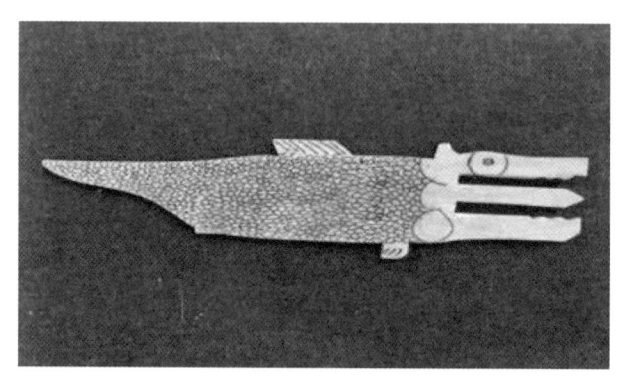

("穆都布堪"——龙神)

4. 其他神偶

"蟒倪神"。据萨满讲,"蟒倪"是吃人的恶神,能走会飞,经常兴风作浪,祸害人类。所以人们特别憎恨蟒倪。蟒倪神偶是由薄桦木片刻成的,其形头部比较扁,头顶边缘锯齿状。面部画有眼、鼻、嘴、胡子等,

（"蟒倪"布堪）

其面目可憎。

倒木仙，鄂伦春语称"塔罕"。倒木仙是用叫"须烈"（大叶张）的草编扎成的圆柱形的神偶。传说，一个猎人在林中打猎，他要取火做饭，便拿起斧子去砍树枝。结果没有找到干柴，却看到一棵在地上的朽倒木，猎人便举斧砍倒木。可是斧头落到倒木上，便被牢牢地粘住，怎么也拿不下来。猎人就用手拽、用脚踹，结果猎人的双手、双脚也都被吸在倒木上。这时，这棵倒木开始蠕动飞起来了，载着这位猎人穿过森林，越过高山，在大海中遨游。后来倒木成仙了。于是，人们开始敬奉倒木——"塔罕"。"塔罕"的制作方法简单，抓一把"须烈草"（大叶张），两头剪齐，外边柳树皮缠紧成圆柱形即可。另外，用小柳条刻个小斧头，将其扎进"塔罕"里。人们平时将其与其他神偶一起摆放、供奉，但一般很少用它请神、跳神等。

（二）神像

"初哈布堪"，即草神。是人们为使自己的畜群繁殖兴旺起来而供奉的神。"初哈布堪"在人们心目中的地位较高，像对天神一样供奉，是因怕受到惩罚而使畜群死掉。

"初哈布堪"像，是画在纸上的，其形象是一位老者，有两双手。一双手高举着一只铜铃，呼唤着马群；另一双手捧者供马匹食用的野果。老者的前面有摆有酒肉的供桌。在老者的左右各有一名侍从站立。在两旁还各有一棵树和一匹马。"初哈布堪"供奉在"斜仁柱"的玛路神位

(初哈布堪——草神)

上,是在太阳神、鹰神的下边,也就是摆在中间的位置。

"昂难卡坦"布堪,即獐子神。相传峡谷是獐子从岩石上蹦出来之后形成的,两侧则成为大山。"昂难卡坦"神像,是画在纸上的,形象威武庄重。在大山的下面,有3个"昂难"(獐子)神,它们的帽顶上面有个百合果子,额头上有鲜花;在神像前面的神桌上摆着祭品,有都柿、黑加仑、山丁子等,都是獐子最爱吃的野果。在"昂难卡坦"的左下方,画有蜘蛛网、飞蛾、獐子,右下方画有两只蝴蝶、两个獐子,旁边还画有獐子的洞穴。

(昂难卡坦布堪——獐子神)

（三）萨满祭礼

鄂伦春族的萨满在其社会生活中曾占有重要地位。其祭礼仪式也别具一格，其中有春祭与秋祭之分。

1. 春祭

往昔，每当大兴安岭脱下冬装，冰雪融化，天鹅、大雁、鸭子飞来时，鄂伦春人就要举行一次隆重的春祭大典，一方面是请萨满跳神保佑，另一方面是度过了漫长的冬季生活，庆贺新一年的开始。

春祭时，要通知居住在各地的族人准时赶来参加，携带新鲜的天鹅、大雁、野鸭肉等祭品，同时，要请3个以上有威望的萨满来。场地要选在河边的沙滩或经常跳神的地方，并搭起一个很大的"斜仁柱"。在"斜仁柱"的中央要直立两根杆子，鄂伦春语叫"土如"，即神架，是神降临的地方。在两根杆子顶端，分别系一块红布条和一块黄布条，以示吉祥。在两杆之间距离地面一尺多高处，要横绑一根小杆。这个横木，意为神椅，是萨满接神、迎神的圣位。

在"土如"的两边，分别有1个门卫神偶，鄂伦春语叫"倒摇灭"，是用柳（杨）木刻制而成，约有6—8寸高。据说当神降临时，它就会倒向一边，以示神已降临。每位参加祭典者的位置事先都安排好，男的在上，女的在下，或在篝火的左侧为女座，右侧为男座，儿童则自由选坐。祭典仪式很严肃，严禁嬉笑打闹。在场内只能听到跳神及伴唱者的声音。

萨满跳神，起初很慢。后来随着鼓声的加快，萨满的身子越抖越厉害，歌声也越发激扬，整个气氛有种神秘感。唱的神歌，根据祭祀的内容而确定，大多是即兴演唱。如关姓萨满的《春风神歌》《春季祭祷歌》的神词，多是对生活的向往与追求。

《春风神歌》：

> 我用四平头的鹿茸做我的梯子，
> 登上天空进入我的神位，
> 我叫谢恩，是人间的祖神。
> 我又变成一个谢恩神，

> 我说声：可爱的人间！
> 我要用双手向人间洒满金子，
> 用双手向人间洒满银子，
> 用双手把成群的犴赶到主人旁边，
> 用双手把成群的鹿撵到主人附近，
> 用双手把成群的紫貂送到主人手中，
> 让我的主人得到春天般的温暖、幸福。

从这首神歌中可看到鄂伦春人充满了对无限美好生活的向往。
《春季祈祷歌》：

> 哲格蓬如坎，
> 是金色的神，
> 金色的蓬如坎是天上的俄聂①，
> 春风化雨是我们为你奉献的季节。
> 待我送给你黄色的神衣，
> 请你耐心等待呀——俄聂。
> 春暖花开我们再次供奉你，
> 请你耐心等待呀——俄聂。
> 我们给你带来新鲜美味的食物，
> 请求你保佑我家幸福，
> 免除我们的灾难与不幸。
> 你的主人每时每刻都在祈祷你，
> 祝你心情愉快，
> 请你保佑主人，
> 在我的身上洒满哲格蓬如坎对我的爱，
> 人间才能充满幸福。

---

① "俄聂"，鄂伦春语即妈妈。

人们把萨满的春祭赋予节日的气氛,载歌载舞,向神默告自己的愿望,恳切地希望得到欢乐与幸福。同时将新捕到的天鹅、大雁、鸭子等飞禽向诸神供奉。

春祭的神词中还有赞扬女性神、各守护神、"库粒近""阿尼然"等各种神灵的专题神词。这些神歌的内容多是祈盼狩猎丰盈、人畜平安的。萨满在吟唱神歌时,一般是围着火堆从左到右跳欢快激奋的舞蹈。学艺的小萨满也跟着伴唱歌舞,某些神歌衬词族人也一起合唱。

春祭结束前,族人们要围聚野餐,吃鲜美的天鹅、大雁、野鸭肉,喝味美的都柿酒,直到翌日黎明。

萨满的继承或收徒弟的仪式也在春祭期间进行。萨满继承仪式是在老萨满的带领下,小萨满跟着学跳。模仿老萨满的言行举动,直到领会了为止。一般3年后才能独立跳神看病。继承或接收徒弟的仪式相当隆重、庄严,除所有族人参加之外,还要让所有的族人知道新萨满是全族的保佑者,他有什么困难要大家帮助和支持,以使萨满保佑全族人畜两旺。

2. 秋祭

秋祭程序与春祭大致相同,人们以喜悦的心情带着犴、鹿、狍、野猪肉等祭品欢聚一堂,载歌载舞,目的也是祈求神灵庇佑族人避祸求福。

占卜与崇拜

(一) 占卜

在鄂伦春萨满教中,占卜占有重要部分,如春秋大祭、跳神治病中都随时进行占卜仪式。

占卜的方式常见的是枪卜、斧卜、骨卜。

第一种是枪卜。猎民如长期打不到猎物、或打枪不准、马有病等情况下,就自己用枪祈祷占卜。先在自己家中干净的床铺上,自己拿枪,面朝西,双腿伸直,嘴对枪栓处,闭目祈祷。大意是请神驱散捣乱的小

(枪卜)

鬼,让枪射得准等。祈祷完了就用右手抬枪。如抬得动枪,就认为驱除了邪魔;如果抬不动,就认为没驱除小鬼,便要请萨满来祈祷卜测。

第二种是斧卜。有时也可用斧子占卜。用斧还可卜算其他事项,如有人患怪病、邪病,总用"阿拿覃"的占卜方式来治疗疑难病症。"阿拿覃"一般是请有威望、懂事理的人去做。在做"阿拿覃"前,把病人的衣服叠好、摆整齐,把枪或斧子放在病人的衣服上。然后进行祷告:"这孩子有病了,是哪路神在怪罪?请哪路神开开恩(行行好),保佑孩子早日康复?"说罢,右手抬枪托(或斧柄),据说如果说准了哪路神,枪托(或斧柄)就会轻松地举起来。如果猜不准,枪或斧子比泰山还要重。那么再继续祈祷,直到枪托举起为止。

第三种是骨卜。人们为了知道将来是否能打到野兽,每当吃到狍子的肩胛骨(哈拉吧)时,要把肉剔干净了,然后对着光亮看有否阴影,并看阴影的形状、大小,仔细端详、分析,如果肩胛骨片上的阴影是狍头或犴头的模样,将意味着还能在近日打着狍子、犴等野兽,如果没有什么兽类的阴影,将意味着什么也打不到,这是鄂伦春人骨卜的一种。

(骨卜)

有时把煮熟、剔干净的狍子肩胛骨放在火堆上烧烤,就会呈现出各种形状。对着太阳光看,如果上面有野猪头、鹿头等形状,人们就认为会有更大的收获。如果上面没有什么动物的形状,自认为倒霉。过去人们去打猎往往通过"骨卜"来断定收获大小多少,相信骨卜的预验。

骨卜的另一种方式是通过吃骨髓油来断定打猎能否有丰收。吃骨髓时,用小斧子或猎刀轻轻敲打。如果骨头出现破碎,裂纹紊乱,将意味着猎获欠丰;如果骨头裂纹很直,老人们便会高兴地说:"孩子,你马上去打猎,一切都会顺利,狍子、犴都在等待着你呢。"于是青年们便会背枪上山打猎。

骨卜除了预知是否猎获动物之外,还对天气进行预卜。方法是,将水鸭子胸脯上的骨头煮熟,将肉剔干净,对着太阳光仔细观察,如果骨头完全是黑色阴影,将意味着这一个月要连雨天,可能要发大水,如果骨头半透明,将意味着上半月天气将晴朗,下半月可能是连雨天。鄂伦春人认为:鸭子是在河里生活的,它与水有直接的关系,它肯定有预知的本领。所以,鄂伦春人通过看鸭子胸脯骨来预测天气。

(二) **图腾崇拜**

鄂伦春人在对各种自然物和自然现象的崇拜中,也包括着对动物的崇拜。动物奇形怪状,有的会飞,有的会走,有的体积很小,有的庞大,这一切也都引起他们的思索。特别是动物的形状在不少地方和人有相似之处,使他们联想到人和动物存在着某种特殊关系。这样就产生了图腾观念。

图腾崇拜,是和鄂伦春人氏族制度的产生和发展有着密切关系。

1. 对虎的崇拜

在对一些动物的称谓中,可以看出鄂伦春人早期图腾崇拜的一些痕迹。

鄂伦春人对虎不能称虎,而叫作"乌塔其",即太爷的意思,也有的称它为"博如坎"。对动物称谓中的这些禁忌,说明鄂伦春人很早以前曾把虎作图腾崇拜过。

鄂伦春人对自己的祖先和在世的老人,也是不许直呼其名的,甚至有与老人同名的事物,在谈话中必须提到时,也要改呼另一名称。对老人直呼其名,一是不礼貌、不懂事;二是被认为会被老人压住、不长个。所以年轻人从不直呼老人的名字。

据传说,古时候有几个猎人共同出猎,其中有个小猎手什么也没打着。夜间露宿林中时,有一只老虎在他们周围走动,猎人们认为他们中间一定有命运不好的人,或得罪了老虎,于是大家商定,每人都把自己的帽子扔到离宿营地不远的地方,如果老虎衔去谁的帽子,定是和谁有仇。第二天,其他人的帽子都在,唯独这个小猎手的帽子被老虎衔走了。大家便逼着小猎手留下,然后各自走开。小猎手心里害怕,就爬到大树上。老虎在下面来回走动,吓得小猎手不敢下来。后来他饿得不行,想爬下来回家,刚跳下地就遇到了嘴里衔着他帽子的那只老虎,可是老虎并没有伤害他,却把一只前掌伸出来,小猎手一看,有根刺扎在掌心上,小猎手这时才明白,是让他给拔刺。他急忙给老虎拔出了刺,并给它包扎好伤口,之后老虎感激地摇摇尾巴走了。不一会,老虎衔来了狍、狍子等猎物扔给小猎手。小猎手搬不动,老虎就让小猎手骑在自己的背上,又驮上抓来的猎物,一直把他送回家。母亲见儿子回来了,惊奇地问:"你怎么一个人回来了?"小猎手把这趟出猎中遇到的事情告诉了妈妈。妈妈连忙说:"这是你搭救了老虎,老虎也搭救了你,往后咱们要敬重它,它也会保佑咱们的。"从此猎人们都开始尊敬地称老虎为"乌塔其"(鄂伦春语:太奶或太姥的意思)。这就是人们称老虎为"乌塔其"的由来。

2. 对熊的崇拜

传说在很早以前,有一个中年鄂伦春妇女,右手戴着红手镯到深山密林里去采集野菜、野果,回来时因天黑迷失了方向,从此就变成了熊。过了许多年以后,一天这个妇女的丈夫进山打猎,看见一只熊正在吃都柿,瞄准一枪把它打死了。可在剥熊皮时猎刀在前肢上怎么也插不过去,仔细一看,那上面戴着个红手镯,正是他妻子的。从此,熊就被认为是人变成的。

另一个传说:有一个善良、贤惠的姑娘,被嫁到遥远的地方。可她到婆家后特别受气。由于她实在忍受不了这种折磨,她想反正是死,不如逃出这虎口,于是她从这个家出逃了。她跑啊跑,不知走了多少路,衣服被刮破了,狍皮鞋底也磨穿了,后来一条大河挡住了去路,怎么办呢?不知不觉,她便在大河边睡着了。突然她觉得有一毛呼呼的东西在她脸上、手上碰来碰去,她睁眼一看,是一只黑熊在眼前站着,把她吓坏了,心想:"完了,非让这黑熊吃了不可"。可是这只黑熊趴下来,并没有伤害她的意思,而是把一只前爪向前伸,一直伸到女人的面前。这女人才注意到是熊的前肢爪子上扎有很大的木刺。女人马上给它拔出了刺,刺拔掉,黑熊站了起来,像个小孩似地高兴地扭身晃脑地走了。不一会,黑熊给她衔来了野猪、狍子等猎物,让女人美餐了一顿。之后,黑熊又驮着女人过了河,并一直伴随着她。不时送来各种食物,一直安全到家为止。

3."古落衣仁"(葬熊仪式)

"古落衣仁",是大兴安岭鄂伦春人举行的葬熊仪式。当猎人打到熊归来时,不直接说打着熊了。快到家门时,猎人嘴里便发出"咔、咔咔、咔咔、咔"的声音来,老年人或家里人听到,就会喜出望外,知道是打着熊了。老人们便会含蓄地说:"是阿玛哈①、还是恩聂嘿②,亲吻你一下啦?"猎人便回答:"阿玛哈,喜欢我,亲吻我啦。"这是说打着公熊了。

这样全"乌力楞"的左右邻居、亲朋好友、男女老少都欢聚在猎人家。男人们在外边给熊开膛剖肚,但妇女们不能到熊的跟前指手划脚,更不能取笑,特别是孕妇不能靠前,更不许乱说乱动,否则会对胎儿

---

① "阿玛哈",鄂伦春语即大爷。这里称公熊。
② "恩聂嘿",鄂伦春语即大娘的意思,这里称母熊。

不利。

猎人按程序开膛剖肚,首先把熊头小心翼翼地放在一边,然后请年纪大、有威望、有经验的老年人做总指挥,指挥葬熊仪式。人们要准备两个"吊锅",男女分开,分别煮肉。肉煮好后,总指挥发出"咔咔咔、咔咔、咔"的声音,之后说:"他大娘、婶子、大嫂、姐姐、妹妹们,这是赏给你们的,从今以后不会碰上什么难处,放心大胆地吃吧!"于是,总指挥用猎刀将熊肉割成一块一块的,递给妇女们。妇女们喜笑颜开,有滋有味地开始吃熊肉。

鄂伦春族有个习俗,妇女吃熊肉不是哪个部位都可以吃的,而只能吃熊的下半身和后脊背部的肉。而男人吃熊的前半部的肉,包括四肢。吃肉时,总指挥把熊肉放在"桦皮盆里",然后大声说:"咔咔咔、咔咔、咔,这是天神赏给我们的,大家好好地分享吧!'阿玛哈''恩聂嘿'保护我们,不会咬伤我们的。"此时,男人们开怀畅饮,气氛异常热闹。

吃熊头肉时,人们格外小心,不能乱说乱动。首先把熊头用锅煮,然后围坐分享,剩下的熊头骨,要用柳树条或草包好,选择河边、半山腰或树林,挂在三棵树交叉点上,进行风葬,并祷告"阿玛哈""恩聂嘿"保佑主人,不要回头吓唬人们,让世间的人们平安、幸福地生活。

接着,人们在葬熊头的地方举行"古落衣仁"仪式。"古落衣仁"(葬熊歌)的唱词古朴、简单,曲调也很优美,动听。如在大兴安岭十八站地区曾流行如下几段"古落衣仁":

第一段:

古落、古落	古落
阿玛哈、恩聂嘿!	古落
你就要起程了,	古落
到你那向往的阴间去。	古落
是你喜欢我们,我们才成长,	古落
我们要把你的白骨好好风葬,	古落
时辰一到你就要走了。	古落
快吃完你喜欢的蚂蚁,	古落
快收拾好你的桦树林。	古落

第二段：
古落、古落，阿玛哈、恩聂嘿！　　　　　　古落
你年年要让我们见到你，　　　　　　　　　古落
你天天要爱护我们。　　　　　　　　　　　古落
碰到女人、儿童不要咬伤他们，　　　　　　古落
碰到老年人要可怜他们。　　　　　　　　　古落
你是动物神哪，　　　　　　　　　　　　　古落
人人都怕被你吃掉，　　　　　　　　　　　古落
千万不要吃掉我们，　　　　　　　　　　　古落
我们好好地风葬你。　　　　　　　　　　　古落

第三段：
你不要降祸于我们，　　　　　　　　　　　古落
你是善良的阿玛哈，　　　　　　　　　　　古落
你是好心的恩聂嘿。　　　　　　　　　　　古落
你要多赐给我们猎物，　　　　　　　　　　古落
保佑我们幸福生活。　　　　　　　　　　　古落
我们误伤了你，　　　　　　　　　　　　　古落
千万不要怨恨我们。　　　　　　　　　　　古落
你是兴安岭上的英雄，　　　　　　　　　　古落
肠子流出来还在施威。　　　　　　　　　　古落
鄂伦春人不敢提你的名，　　　　　　　　　古落
你是我们民族的祖先，　　　　　　　　　　古落
应保佑儿孙们幸福。　　　　　　　　　　　古落
请接受我们的厚礼，　　　　　　　　　　　古落
带给死去的祖先。　　　　　　　　　　　　古落

第四段：
我们最尊敬的熊神呀，　　　　　　　　　　古落
为你筹办圣节。　　　　　　　　　　　　　古落
我们永远供祠你，　　　　　　　　　　　　古落
你有未卜先知的本领。　　　　　　　　　　古落

你要时时指示吉凶啊,	古落
你不要伤害我们呀!	古落
伤害了我们你就不能成仙啦,	古落
为了你能早日成仙哪,	古落
要多行善事保佑我们。	古落

唱词中充溢着对熊的无限恐惧和虔诚,如泣如诉地请罪,赞颂之词反反复复,祈福禳灾之心真诚至极。直到解放前夕,人们还总是把熊头骨放在选好的地方,举行这种仪式。

熊皮褥子总是放在"斜仁柱"的正中位置上,妇女是不能乱踩、乱坐的,以保持它的"圣洁"。

图腾崇拜在鄂伦春人中曾盛行过一段时期。随着社会的发展,观念的日益变化及生产工具的不断更新,也逐渐开始猎虎和熊了,同时举行的"古落衣仁"等仪式也越来越简化,甚至多数地方已不再举行。

至于鄂伦春人为什么猎狼,有多种传说,其中《养狼的猎人》[①]的故事讲道:一个好心的猎人不听朋友的劝告,养了一只狼。猎人精心饲养,把仅有的动物肉都喂给它。一天又一天,狼渐渐地长大了。可是长大以后,它不但不报答养育之恩,反而恩将仇报,几次都险些吃掉这猎人,多亏猎人有条狗相助,猎人才脱险。从此以后,鄂伦春猎人立下了"见狼就打"的规矩,认为狼的本性不会改。

(三) 自然崇拜

自然崇拜在原始宗教中产生时间比较早,并且影响面最广、延续时间也最长。

多少世纪以来,鄂伦春族就生息、繁衍在贝加尔湖以东、黑龙江以北直到库页岛的广大地区。长期过着捕鱼、采集、游猎生活,他们早期的生活和森林这一自然环境紧密联系在一起。萨满教就是在这样的自然环境中形成和发展起来的。

由于最初对自然现象的不理解,既依赖它,又恐惧它,还要乞求它,这就是鄂伦春族产生自然崇拜的特定历史原因。随着万物有灵观念的

---

① 隋书金.鄂伦春族民间故事选.上海:上海文艺出版社,1998:292.

发展,自然崇拜变成了对一个个具体的自然神祇的崇拜。这些自然神主要有天神、山神、河神、太阳神、月亮神、风雨雷电神、火神等等,这里简单介绍几种。

1. 火神(古龙它)

对火的崇拜,在自然崇拜中占有重要地位。在原始生活中,火是不可缺少的。传说远古时代,人和动物区别不大,全身是毛,只有两条腿,没有膝盖骨。后来火山暴发,把周围所有的树木烧焦,连野兽都烧死了。他们发现烧死的野兽肉吃起来很香,这才知道用火烧肉吃。发明摩擦取火以后,火就成为原始人类熟食和取暖之源,同时人类又发现,火有一种可怕的力量,火山爆发、闪电击树,以及被称为火雨的彗星散落,都会在瞬间酿成一场灾难,无论什么东西都会被野火化为灰烬。因此,火在原始宗教发展中便成为一种具有特殊力量的神,它的地位是神圣不可侵犯的。

鄂伦春民间故事《火神》中说,有个妇女由于火星崩到她的身上,烧透了她的衣服,烫疼了她的皮肉,她一生气拔出猎刀,对火堆乱刺了一阵,直到将火熄灭,并把家搬走。可到新的地方想生篝火,却怎么也点不着,只好又回到原来的住地。回到原来住地一看,正燃烧着一堆熊熊篝火,篝火旁坐着一位慈祥的老人,满脸都是血。这时她才恍然大悟,原来是她刺伤了火神,便赶快跪下向火神求饶,得到火神的宽恕后才重新生起了火。

最早的火神是女性形象,她慈祥可爱、善良温柔,有一副为人类谋福利的母亲形象。人们把火看作第二母亲。火神给人以生命的源泉和生活的勇气,常年不灭的火,延续着鄂伦春族人的崇火习俗;给火神磕头祈求火神多关照保佑,给人以光明、温暖,延续人的生命薪火相传。

鄂伦春人对火有许多禁忌,禁忌从火上跨过,禁忌乱捣篝火,禁忌在火上倒水或倒入不洁之物。为了表示对火神的崇敬,每到过年过节进餐时,第一口必须先敬火神,还向火中投入少许酒、肉、菜等,并进行祈祷,感谢火神给予人们的恩赐。

2. 太阳神(滴拉恰)

在长期的游猎生活中,鄂伦春人认识到太阳给人光明和温暖,离开了太阳,什么动物、植物、人类等都无法生存。

在很久以前,有一次男人们上山打猎,妇女上山采集去了。几个儿童在小溪里游泳、玩耍。正玩到高兴时,太阳不知怎么一下子不见了,只有黑洞洞的天空,几颗星星不安地眨着眼睛。这时,男人、女人们都慌作一团,不知该往何处去。女人们想到自己的孩子,一边喊叫一边敲着桦皮篓。孩子们也不知如何是好,有的坐在沙滩上哭,有的没来得及上河岸仍旧泡在水中喊叫,……过了很久,天空才出现了一丝光芒,一点点、一点点,太阳渐渐地露出了头,人们欢呼雀跃,人们说:"没有太阳,天地、人间多么可怕"。过去,人们认为日蚀是天狗在吃太阳,所以用敲盆来解救。在长期的游猎生活中,鄂伦春人认识到太阳给人光明和温暖,离开了太阳,动物、植物和人类就无法生存。

人们很崇拜太阳,如两人发生争吵,或有什么委屈的事,要向太阳发誓述说。人们遇到困难时,也要向太阳祷告,以求保佑。人们崇拜太阳,是太阳至圣和灵魂不灭连在一起,永远照耀在子孙们的身上,鄂伦春人称太阳为"滴拉恰布堪"。

3. 月亮神(别雅)

传说,月亮是位慈祥、善良的女神。她有大铁锅,每天忙个不停,做着可口的饭菜,奉献给人间。她一手端着锅,一手抓着饭勺,双眼环视着大地。哪里有饥饿,她就挥动着双手,给人间食物。为此,人们特别尊敬和爱戴月亮神,每当晴朗的夜晚,人们都去仰望那慈祥、可爱的月亮神。每年的5月15、16日是拜月、赏月的日子,人们有什么心愿和要求,就对月亮诉说。人们很崇拜月亮,在神像上画太阳的同时,也画月亮,在制作太阳神偶时,也制作弯弯的月亮神偶。

鄂伦春人如果数日打不到野兽,就进行"加龙那"祈求仪式,向月亮叩头,把干净的桦皮盆放在外边,并祈祷说:"月亮神、月亮神,我们都已没有了食物,飞禽走兽远离我们,请您多给予恩惠,给予温暖。"如果第二天发现盆内有兽毛,就认为会猎取到野兽。

月亮神之所以显得重要,因为月亮给人以方便,是夜间布施光明,给人指路的值班神,保护人们在黑暗的天地里行走安全,打猎方便。鄂伦春人视月亮为狩猎神,又是黑夜的光明之神,人们有什么心愿和要求,就对月亮诉说,表达心愿。

人们还用刻木来记月份,每过一个月就在木板上刻上一个标记。推算日期。人们还形象地比喻圆月与月牙,称新月牙为"乌娜姬姑叠",即姑娘肚子,称圆月为"哭肯姑叠",即儿媳妇肚子(怀孕),语言生动、诙谐。

4. 启明星(圈尔盼)

启明星,是太阳神的先行者。当太阳还没有出来前,就先出现在东方的天空。它给鄂伦春人指明方向,并告诉人们新的一天即将来临。

鄂伦春人很注意天上星星的位置变化,并能说出自己的许多观象意见。假如两个星星之间相距较远,就说两国(邻邦)之间现在不友好,轻者会发生争端,重者可能要发生战争。假如两个星星之间相距很近,说两国(邻邦)之间现在没有什么矛盾,可以友好往来,和睦相处。如果星星往下坠,就预示着国王或邻邦的领袖人物要去世。

5. 雷神(阿弟博阿)

鄂伦春人认为打雷是雷神一手拿着凿子,另一手拿着锤子往凿子上打,凿子到哪里,哪里就打雷。认为雷是很大的神,如人们打不到猎物或人有病时,都向它祈祷。鄂伦春人说,雷神用锤子打凿子就发出雷鸣。因此,雷击过的地方可以找到凿子,但过一天后就找不到了。把这种凿子拾回来挂在屋子里可以辟邪。[①]

6. 风神

风神,鄂伦春语叫"库列贴",据说这种神的头发向上直立,又直又硬,不向任何一方倾斜。一旦"库列帖"的头发摇晃起来,就预示要刮大风。如果摇晃得很厉害,将预示着狂风大作。

鄂伦春人在实践中看到,风有时会给人带来威胁,带来灾难,为使人们不遭受风灾的袭击,用"须列"草来制作风神偶像。将一把草,一头扎紧,一头散开,形如"扫帚"。做好后插在"斜仁柱"附近,人们经常来观望,有时也放供品,盼望来日风和日丽,风调雨顺。

---

① 内蒙古自治区编辑组,《中国少数民族社会历史调查资料丛书》修订编辑委员会.《鄂伦春族社会历史调查》.北京:民族出版社,2009:50.

7. 河神

河神,鄂伦春语叫"穆都里罕",传说他能管龙,弯曲的河流就是它行走时划出来的。鄂伦春人敬奉河神,一方面是因为河水造福于人类,人类生活离不开河水,不仅喝河里的水;而且还捞河里的鱼。河水对人类的用途实在太大了。另一方面,河水涨到一定程度,会给人类带来灾难和不幸。因此,人们经常供奉祈祷河神多保佑行船平安,捕鱼多有收获,并使水草丰美、家畜兴旺。往昔,每当春暖花开时节,猎民们都要划桦皮船到河中心,向河里洒酒投肉,以表示对河神的敬仰。

如遇洪水泛滥时,在河岸上由萨满默祈,并向水中投放祭品,祭祀河神。祈祷大意:河神不要再涨水,让飞禽走兽安静下来,让人们过安稳幸福的日子。

8. "奥伦"布堪

对星辰的崇拜:鄂伦春人信奉北斗星和三星,尤其笃信北斗星。有的说,北斗星是七姐妹。称北斗星为"奥伦博如坎"。

"奥伦布堪"即北斗星,是掌管和保护人间仓库的神。关于这一点,还有个传说。古时候,有一对夫妇,男的打猎,女的管家务。男的除打猎以外什么活都不干,清闲自在,而那女的晒肉干、熟皮子、做衣服、采野菜、做饭、放马、抓马,什么活都干,而且还受气。有一次媳妇挨了打,一怒之下骑上马领着猎犬就逃走了。路过"奥伦"①,想上去拿点吃、穿、用的。谁想她上了"奥伦"之后,她的丈夫追上来了,媳妇想,如果被丈夫抓住了不扒一层皮,也得打个半死,与其被抓不如跳下"奥伦"摔死的好。于是一狠心就往下跳了下去。不料这一跳,不但没有掉在地上摔死,反而连"奥伦"也随着飘起来升上天了,马和猎犬也随着上了天。

这时,她的丈夫气急了,就朝飞上天空的"奥伦"射了一箭,没射到他媳妇,而射到"奥伦"的柱子上了。传说,"奥伦"的四根柱子就是北斗星的四个角。其中有一条腿歪了就是让她丈夫给射的。另外三颗星是奥伦的梯子,这就是北斗七星的来历。所以,鄂伦春人又叫北斗七星为"奥伦",称住在北斗七星上的媳妇为"奥伦博如坎",把她视为保护仓库

---

① "奥伦",鄂伦春语高脚仓库。

的女神。从此每到年除夕、正月初一或八月中秋节的晚上,家家都要拜祭北斗星,逐渐形成为民族习俗。在鄂伦春人中,也有人认为北斗星是天上的七姐妹神,妇女多在春节、中秋节遥祭北斗星,祈愿保护妇女与孩子平安。猎民游猎迷路时,有时也祭拜北斗星,视其为指路神。

9. "白那恰"山神

鄂伦春人对于山神"白那恰"非常崇拜。凡是高山峻岭、悬崖绝壁或是什么洞窟之类,都认为是山神所在的地方。关于山神"白那恰"的来历,有许多传说和故事,这里不再赘述。

(山神——"白那恰")

鄂伦春人如果很久打不到猎物,便会求助于"白那恰"。每逢人们打猎途中经过山神之地时,都会顶礼膜拜。从不绕道而行,并不准吵嚷、喧哗。否则山神会不满,对狩猎不利。一般远出狩猎者必先向山神供祭,人们认为,只要听山神的话,它才乐于保佑你。如果触犯了山神,它会使你一无所获。

鄂伦春人供奉的"白那恰"神像,一般是在狩猎过程中随时制作。

猎人们来到较僻静处,选一棵较粗的树,在树根下约离地面 5—10 厘米朝阴面,一边叨咕,一边用斧子轻轻地削去树皮,然后用黑炭画上眼睛、鼻子、嘴巴似人脸形象。"白那恰"山神涂画好后,在附近或周围捡点柳树条,摆在"白那恰"的前面,再用点燃的"阿日叉"①熏一熏,然后磕头祷告,祈求"白那恰"多多保佑。

如果出去打猎打着了猎物,回到家之后,猎人们就一定拿点兽肉、油、血来涂抹在神像的嘴部,以示感谢"白那恰"的赏赐。同时,猎人们还要把左右邻舍的亲友们都请来,共同分享"白那恰"赐予的猎物。

(祭山神"白那恰")

大兴安岭的鄂伦春老猎人直到现在,仍还保留着敬奉"白那恰"山神的习俗。

每逢过年节举行家宴,长辈必用手指蘸酒,向上三弹,以示给"白那恰"敬酒。行罢此礼,自己方可饮第一口酒。

10. 树和石头的崇拜

鄂伦春人对山上长的粗大孤树,认为它有主人,不敢随意砍伐或折

---

① "阿日叉"鄂伦春语即爬山松。

其树枝,否则就会触怒树神;认为山上枯死的大树,经过多年就会变成鬼,因此,不敢动它;认为山岭上奇形怪状的岩石是老天爷有意安排的,并起虔敬之念;如石砬子上有洞,认为这个山岭上有主人,猎人到近旁要叩头,求得保佑。①

(四) 祖先崇拜

祖先崇拜,是在母系氏族社会的晚期,随着世系观念的加强而形成的。由于灵魂观念的发展,逐渐形成对死者丧葬和周年祭悼活动。尤其是民族的首领及辈分高、影响大的人死去时,人们都期望其"灵魂"能保佑自己的子孙后代。于是这些死者就成为后人崇拜供祭的对象。某些因特殊原因死亡者,也往往被人们供祭而成为他们崇拜的对象。因此,每个氏族都有自己的祖先"神"。

鄂伦春人对祖先叫"阿娇儒博如坎",即祖先神。他们对母亲氏族中活着的舅父以上的人们也称:"阿娇儒"。鄂伦春人忌讳叫祖先的名字,认为直呼祖先的名字,一方面对祖先不尊重,另一方面是怕触怒祖先而降灾于子孙。

关于鄂伦春族起源的传说,流传比较广泛的是《恩都力创造了鄂伦春人》②。这是人类来源的神造说。

《吴达内的故事》③中的吴达内,是鄂伦春人心目中的英雄。故事讲述他为了鄂伦春人的生存和利益,挺身而出,历尽艰险,终于战胜了凶恶的蟒倪的故事。

鄂伦春人对英雄的歌颂,实际上就是对祖先崇拜的一种形式。鄂伦春人供奉的祖先神叫做"阿娇鲁","阿娇鲁"原来是指母系氏族的祖先,后来对父系氏族的祖先也叫"阿娇鲁"。每个氏族都有自己的"阿娇鲁"。鄂伦春人每到年节都给祖先神"阿娇鲁"烧香磕头,烧纸祷告,认为这样祖先神才能够保佑子孙后代不断生息繁衍,平平安安地生活下去。

---

① 《鄂伦春族社会历史调查》(一),内蒙古自治区编辑组,《中国少数民族社会历史调查资料丛刊》修订编辑委员会.民族出版社 2009 年 5 月.51 页
② 隋书金.鄂伦春族民间故事选.上海:上海文艺出版社,1998:1.
③ 隋书金.鄂伦春族民间故事选.上海:上海文艺出版社,1998:66.

几种祭祀

(一) 河祭

鄂伦春族的河祭,一般是在百年不遇的特大洪水来临或洪水泛滥时进行,祈求河神不要给人类带来灾难。

河祭的通常形式是:

1. 人们来到河边,坐在河岸上,一边用右脚后跟踩着河岸边,轻轻地点踩,一边祈求河神,大意是说:"河水涨到此为止吧,请不要再继续延伸,人们已经承受不了这么大的惊恐和打击了,求求'穆都木'(龙神)千万不要给人们带来灾难"等。

2. 来到河边,向河中抛各种食物,如肉、酒等,一边磕头,一边祈求河神不要再涨水,让飞禽走兽安静下来,让人们过幸福安定的日子。

(河祭)

(二) 水祭

人们的生活离不开水,因此鄂伦春人对水特别虔诚,认为水是生命的源泉。所以每逢遇到干旱的季节,老人们就把求雨的事情提前准备好,不能因长期没有降水或降水很少而影响作物正常生长,造成灾害。

水祭(求雨仪式)一般是请德高望重的老人进行。要在自家门口或在水边,拿一小根老山芹(一种植物)杆(约5—8寸长),一头插在水碗里,一头含在嘴里吮吸着碗里的水,便会发出"咕噜、咕噜"的声音,鄂伦春语称这种形式叫"布播豁任"。不时还说些祈求的祷语。求雨仪式进行完后,把那碗里的水均匀地洒在地上,意思是龙神要降雨了。

(水祭)

据郭金波老人(1990年90岁)讲,1955年夏季,大兴安岭呼玛河流域特别干旱,大地裂开了缝,植物和农作物干枯,甚至人和牲畜的饮水都发生了困难。这时民间艺人孟古古善(当时85岁)看到这种情景,就在自家门口做了一次"布播豁任"求雨的祷告仪式。据说果然下了一场大雨,解除了旱情。

(三) 火祭

火祭,在鄂伦春人的宗教活动中占有重要的地位。人们认为,自从天神"恩都力"教会鄂伦春人怎样用火之后,是"古龙它"(火神)给人以生命的源泉和生活的勇气,因而每逢过年过节喜庆的日子里都要进行火祭。

1. 过年过节晚辈们前来拜年时,首先要给"古龙它"火神磕头,祈求火神多多关照保佑,然后再给长辈们磕头拜年。

2. 在举行婚礼时,也要先敬火神,把酒倒入器皿中,右手高举到头顶,再用左手指或筷子,蘸一下酒,向空中、地上、火神祭点,同时对"古龙它"火神进行祷告。

3. 人们相信火神"古龙它"的灵验,因此当自己的亲人外出(打猎)很久不归时,就向火神祈祷询问:

古龙它、古龙它,

请你告诉我,

亲人近况如何?

是否不顺利或有难处?

主人——请你帮助他,

脱离险境平安返家。

如果亲人有病,

主人——可给驱病。

古龙它,温暖慈祥的母亲。

4. 在平时的生活当中,人们也随时敬奉"古龙它"火神,好酒、好菜第一口,都要先敬火神,感谢火神给予人们的恩赐。所以,鄂伦春人直到现在还保留有这种习俗。

(四) 酒祭

鄂伦春人过去没有酿酒的能力。随着社会的发展,出现了商品经济,鄂伦春人才用皮张、兽肉等物换来酒。有了酒,鄂伦春人之间相互交往,总是带着美酒走亲访友,在订亲、迎亲时,酒也是最好的礼物之一。

当亲朋好友来拜访时,都用酒来祝福,把酒倒入器皿中,来到火堆旁两腿蹲下,一手把酒碗高举在头上,一手向火神点酒敬奉,同时祷告这酒是谁送的,并让自己的祖宗、上辈、亲朋都来分享、品尝。紧接着,再祝福来访者。这种形式叫"依格任",人们也最喜欢这美好的祝福。

各种神的名称及作用

"恩都力"布堪,是天神,它主宰天上、人间的万物;"滴拉恰布堪"是太阳神;"别雅布堪"是月亮神;"鄂地印布堪"是风神;"替得布堪"是雨神;"昂弟博阿布堪"是雷神;"穆都里罕布堪"是河神;"牧墩儿布堪"是水神;"白那恰"是山神,掌管飞禽走兽的恩神,也是保佑猎物丰收的财神;"初哈布堪"是草神,是管马与牧草的神;"得义布堪"是鹰神,是天上最干净的飞神;"奥伦博如坎"是北斗星,即掌管人间仓库的神;"三仙女额胡"是掌管人间疾病的女神,能保佑鄂伦春人祛病强身;家神是司掌瘟疫疾病的诸神;"马神"是掌管人间马匹的神;"獾子神"是专治各种疾病的神;"射鹅刻布堪"是鄂伦春族最古老的神灵,专治疑难病症;"狐仙神"是鄂伦春族近代产生的神,能治百病;"恩尼布堪"是母亲神,是专治流行病的神;"乌米拉任"是生育神,专治妇女婚后不生育的神;"马路毛木台"是专司猎物的神;"额尼音博如坎"管人间麻疹的神;"翁库鲁博如坎"掌管各种疾病;"树栓克博如坎"管各种病灾;"埃尼博如坎"管天花;"卡威勒"鱼神;"阿娇如博如坎"鄂伦春人称它为祖神,是祖上传下来的,保佑子孙后代;"吉亚其"财神,掌管人畜疾病和保佑狩猎丰收。

天文与星系

鄂伦春人对天文、星系和星座有一定的认识。这是他们长年在野外生产、生活中不断观察的结果。如果我们与经验丰富的老人一同仰望星空,他们就会熟练地向你介绍一些星系,星座的名称及位置。遗憾的是因没有文字记载,大多都失传了,这里简要介绍几个星系与星座。

(一) 七仙女星

七仙女星,是东方星群中的一个星座。

(二)野猪星

野猪星是东方星群中的一颗星座。传说有三颗星连在一起:第一颗是"蟒倪"星是凶恶巨兽;第二颗是野猪星;第三颗是七仙女星。蟒倪星很爱慕七仙女,想娶她们为妻。但又怕中间隔着的力大无比凶猛的野猪星,无奈,只好远远地隔着野猪星跟在后面。中间的那颗星就是保护七仙女的野猪星。

(三)犬星

犬星,见于黎明时分的半月形星座,是东方星群的一颗星。据说犬星经常发生变化,它有时像静卧状;有时像站立状;而有时像飞奔状。因此,人们就根据犬星的各种姿态来判断事物,盼望着吉祥。如果犬星呈静卧状,缩成圆圆的一团,则说犬在休息、睡觉,说明天下将太平无事;如呈飞奔状,则天下要大乱。

(四)弓星

弓星,与箭星在一起,是东方星群的组成部分。传说很早以前,飞禽走兽都在天上生息、繁衍,满天的星都是它们的足迹。一天,一位勇敢的鄂伦春猎手拿起弓箭,想一箭射死天上巨兽犴,请它下凡,结果没射中,却射中了犴的幼子。后来人们吃到的罕达犴肉就是这幼子。而弓和箭却永远留在了天上,变成了弓星和箭星。

(五)人星

人星是南方星群的一颗星座,在犬星的附近。

人星分男女两个星座。天空如果出现密密麻麻的一群亮星,这就是女星座。女星升空时,天气便会变暖和、晴朗;如出现男星时,天空便无光亮,天气变冷,尤其是冬天,便会刮风下雪,使人感到寒冷。有时还在月亮附近围上一层光环,使月光失去光泽,出现坏天气。

(六)北斗七星

北斗七星,即天轴星。夜间以此辨别方向,是北方星群的一个星座。关于此星还有许多传说。[1]

---

[1] 隋书金.鄂伦春族民间故事选.上海:上海文艺出版社,1988:18—19.

招魂

招魂,鄂伦春语称"波别咧",是针对孩子受惊吓而采取的一种治疗方法。

儿童轻度惊吓,只口头"叨咕"几声即可。而对重度惊吓者:要请年纪较大的妇女来招魂。要准备一红布条,系上铃铛,或用小孩的衣服、帽子,一边在孩子眼前摇来摇去,一边哼唱"波别咧"曲。

"波别咧"的曲调温柔、动听,歌词即兴发挥。唱时歌声由小到大、由悲伤到兴奋。

唱"波别咧"时,一般是即兴编唱,歌词也视情形而定。例如:

波咧,波咧、波别咧,
孩子啊、孩子、孩子,
你的父母在招你的灵魂。
请你不要往西去,
小心鬼神把你抱走,
你千万别错过刚升起的太阳红光,
你父母在怀中抱着你,
时刻都没有离开过你。
波咧,波别咧,
你的父母到处在找你呀,
你母亲给你准备了好吃好穿的。
孩子,不要到黑暗的阴间去,
我们全力寻找你,
你是我们最心爱的宝贝,
快快回到父母的怀抱中吧,
你父母在家中的神位上,
在寻找你呀。
波咧,波咧、波别咧,

孩子啊、孩子，
你快快回来吧。
姐姐、妹妹等你一起玩游戏，
你赶快踏着早晨的云雾，
回到家人的怀抱中，
你看见日光，快步跑过来。

为了防止孩子再受惊吓，大人们用黑布缝个小护身符缝在孩子衣服后背或放在悠车头部处，一直伴随着孩子。

"玛路"神灵的位置

鄂伦春的斜仁柱几乎家家都有"玛路"神位。人们对"玛路"神位特别虔诚，相信它的威力，人们尽心尽力保护好神位，保持它的圣洁。

"玛路"神位上的神像、神偶，不是随便摆放的，有一定的规矩和要求。大体分上、中、下三层（天、地、人间）摆放神像、神偶。首先要用两三根柳条揻成一个半圆形的∩字型，然后在∩字型中竖着插9根柳条，意为神架。这种神架鄂伦春语称"白它拉替"。神架搭好后，就可以放神偶和神像。

摆放神偶的位置和程序是：

（一）神架的最上面是日、月、星。在正位首先放太阳神偶，再放月亮神偶和星星神偶，然后再摆放鹰神、龙神、雷神等神偶。

（二）在太阳神、月亮神下面的中间，是专摆放神像的。神像是画在纸上或画在布上的。如"初哈布堪"、"昂难咔坦"神像。

（三）在神位下面，把神偶直接摆放在地上，依次放"乌溜千"神偶、黑夜保护神、"库粒近"神、"卡稳（万）"等神偶。

神像、神偶摆放完了之后，人们还要在神位下面摆放供品：如兽肉、野果等，并燃起爬山松香。

平时，神像、神偶每家都自己保管，装在用桦树皮制成的桦皮神盒

("神堪"神位)

内，挂在"玛路"神位上。如果搬迁，把神盒驮在马背上即可。

萨满教对鄂伦春族文化的影响

萨满教在数千年的发展过程中，对鄂伦春族文化的发展具有很深的影响。

（一）舞蹈形式。萨满跳神，同妖魔鬼怪进行搏斗，主要以舞蹈形式表现的。萨满起舞手脚的动作依神鼓点而起，因而动作十分和谐。

萨满跳神的动作，许多是模仿各种动物的跳跃动作，因此现在鄂伦春族中流传的"黑熊搏斗舞""恰卡舞"等，实际都是从萨满舞中发展而来的。

（二）民歌形式。鄂伦春族的民歌很多。例如《请神歌》《敬神歌》《古落依仁——葬熊歌》《春风神歌》《春季祈祷歌》等，这些民歌的曲调都有各自不同的旋律和风格。但是如果我们仔细对照和分析，某些歌词和曲调在萨满神歌中不难找到其痕迹。因此我们可以说萨满教对鄂伦春族传统民歌的发展也有重大的影响。

（斗熊舞）

（采集舞）

（三）传说和故事形式。人们在闲暇时,三五人聚集在一起听老年人讲述各种体裁的传说和故事,如《女萨满的传说》《白那恰的传说》《火神的传说》《北斗星的来历》《恩都力创造了鄂伦春人》《大水的故事》《尼顺萨满》等,这些故事大多是讲述萨满的,可见萨满教对鄂伦春族民间文学影响之深。

(四)绘画形式。萨满服上都绣有各种精美的图案,各种神像、神偶,也是精美的艺术品。然而这些图案和艺术品在鄂伦春族日常生活中的布制品、桦树皮制品、皮制品上也都可以看得到。

(五)生产、生活习俗源自萨满教的自然崇拜。鄂伦春人经过长期观察,积累了一些气象方面的经验。他们认识到了有日环和月环的月份雨雪大;冬天刮南风预示要降雪;云彩发黄要大旱;鱼鳔臌胀要涨大水以及有关阴晴的预兆、刮风的预兆、下雨的预兆、冷暖的预兆、旱涝的预兆等等。

(六)日常生活中的火崇拜与篝火节。鄂伦春人在远古就发明了熟食的方法,并有独特的保存火种的方法,即取下桦树上生长的状似蘑菇的纤维结构严密的菌类(鄂伦春语"包毫库牛素")晒干,把它的瓢燃着,就可以经久不灭。为避免发生火灾,打猎时他们有不在林中明火吸烟之俗,发明了一种口烟,提神、生津、止渴,起到了鼻咽的作用。鄂伦春人留下了不许用利器捅火、不往火里扔脏物的禁忌,他们懂得火神是神圣不可侵犯的。因为火神保护了火种的延续,意味着人类生命与生活的延续,象征着子孙后代的不绝繁衍。为此,鄂伦春人自古以来就有祭祀火神的习俗。"古伦木沓"(篝火节)是由祭祀火神演变而来。成为鄂伦春民族的传统节日。2007年,经国务院批准,已经将"古伦木沓"篝火节与春节、端午节等传统节日,列入第一批国家级非物质文化遗产名录,予以重点保护和传承。

(七)社交习俗中的影响。由于萨满教的祖先崇拜观念,形成了鄂伦春族在生活中的尊老习俗:长者受到小辈的格外尊敬,称呼老者要用尊称,不能直呼其名。平时吃饭先请老者就座;喝酒、吃肉都要先请老人动手;遇事要先与长辈商议。由于萨满教提倡平等互助的集体观念,形成了鄂伦春人好客习俗。不管是本族的还是外族的,都热情相待,点烟倒茶,留客人吃饭,用丰盛的好肉好酒招待。

(八)鄂伦春人敬物如神。萨满教认为,花草树木、江河大山,飞禽走兽都有生命、都有神灵,人类都要珍惜、爱护,人类才能繁衍兴旺。鄂伦春人在长期的山林及渔猎生活中形成的萨满教"万物有灵"观念,使鄂伦春人格外懂得爱护自然、保护好生态环境,其中凝聚了鄂伦春人的智慧与社会理念,由此形成了独特的文化,直到今天,为人类与自然协调的文化发展模式提供了一个成功的典范。

总之,萨满教对鄂伦春族文化的发展有重大的影响,对萨满教文化进一步整理和研究,对鄂伦春族民族学、民俗学以及早期文化研究都将大有裨益。

第五章　卫生、体育和游戏

中草药的妙用

鄂伦春族在漫长的狩猎生活中,吸取大自然中动、植物的营养,与疾病作顽强的斗争。除用原始的"跳神""招魂""占卜"等心理治疗外,逐渐积累了能够利用中草药预防、治疗疾病的丰富经验,为自身的健康起到积极作用,也为我国中草药的发展作出了一定贡献。中草药的发现与使用,是鄂伦春族劳动人民聪明才智的体现。

这里通过几个方面做一简单介绍。

(一)呼吸系统疾病治疗的药物及使用

鄂伦春人在经过长期反复试验,总结积累了治疗呼吸系统疾病的中草药,并推广使用。

百合根,鄂伦春语叫"昂达哈"。百合是多年生草本植物,鳞茎呈球形,白色或淡红色,可食用,花呈漏斗形。每当春季来临,各种植物欲破土生长时,鄂伦春人就到野外采集百合。挖出的百合根似大蒜头,洗净生吃,又甜又脆,孩子们最愿意吃。还可以把百合根熬成汤、粥吃。百合根不仅可以吃,还可以当药用,它有消炎、止咳、化痰的功能,是清热润肺的良药。

满山红(兴安杜鹃、达子香花),鄂伦春语称"拿宁哭热",多生长在平缓的山坡上。株高约3至4尺,枝发脆,分枝多,花紫红色。每当大兴安岭春季(5月份)来临,满山盛开此花。满山红的花和枝有止咳祛痰之功效,因而人们经常用其治疗慢性支气管炎、咳嗽等疾病。用法是将其熬成汤后服用。

暴马丁香,鄂伦春语叫"依涅厄殿",也是理想的治疗慢性支气管炎、咳嗽的药物。其功能是清热祛痰。暴马丁香是多年生落叶灌木,生

(兴安杜鹃)

于山间、林内、河岸等地。高1至3丈。树皮灰褐色,有横纹线,皮有苦味,花白色,芒果冬天开裂,像小鸭嘴,鄂伦春人上山打猎顺便采回,以便食用。有了咳嗽等病,用水煎服用即可见效。

"马粪包",鄂伦春语叫"克库泥坦嘎尼"。在野外常看到这种大小不等的球状物,幼时为白色,成熟后外皮变褐色,内呈海绵状,用手捏会有许多灰状物飞出。人们在实践中发现,"马粪包"有清热解毒、利咽喉的功效。如果咳嗽、扁桃体发炎,嗓音嘶哑时,用"马粪包"的粉状物按敷患处,病便会好起来。如果有外伤出血,用其粉状物按敷就会立即止血。它是理想的清热解毒消炎的药物之一。

"苦木头",鄂伦春语称"夸诺气沫"。多长于半山坡上,开白花,主要治疗慢性支气管炎、咳嗽等症,用水煎后服用。有消炎解毒、治外伤和接骨等功效。

"申刻热",多长在松树旁边、石头附近或都柿甸子上,有香味,主治支气管炎、咳嗽等症。用法:把茎、叶含在嘴里,再把药汁咽下。

黄芩,是多年生草本植物,高1至2尺,茎圆,方形,丛生。根粗大,外皮暗褐色。叶对生、无柄;花紫蓝色、唇形,生于茎上端,多偏向一侧。多生于深山顶、草地或较高的山坡土。鄂伦春人春秋都采挖,去掉老皮后晒干。黄芩有清热祛湿之功效。可治肺热咳嗽、高血压、头痛、吐血、便血、肠炎、痢疾等病症。

(黄芩)　　　　　　　　　(刺玫花)

(二) 内科疾病治疗的药物

急性胃肠炎、慢性胃炎。

在夏秋季多发急性胃肠炎和慢性胃炎。往往是野外暴饮暴食,吃腐败不洁食物,特别是吃腐败的鱼、肉类而发病。当出现剧烈频繁地呕吐、腹痛、腹泻、脱水等症时,人们便去野外采回一些中草药,如"狼舌头草",鄂伦春语称"龟轲尼音逆"。这种药,形状像狼舌头,又长又尖,紧贴在地面上生长。"狼舌头草"主治胃肠炎等,如患泻肚、腹痛、痢疾等病,用水煎服用,很快就好起来。

刺玫花,鄂伦春语称"卡库特"。刺玫花多年生落叶小灌木,高4至5尺,多分枝。枝上有弯钩刺。单数羽状复叶,椭圆形,叶脉明显,边缘有锯齿,花紫红色,很香。花落后结球形红色小果。鄂伦春人夏采花蕾,秋季果熟时摘果,阴干备用。刺玫花(果)主治消化不良、胃痛腹胀等症。刺玫花还有健脾开胃、理气之功效。用法是用水煎服。

人参,鄂伦春语称"波呀阿冉特"。人参多年生草本植物,高2尺余,茎单一,直立,光滑无毛,掌状复叶,小叶五枚,有长柄,花顶生,黄绿色,果实为扁球形,成熟时为鲜红色。鄂伦春人采集人参,一般是秋季,采掘后去泥土,晒干。药用根。人参与黄芪配用,可治脾胃虚弱、食欲不调、腹泻等症。水煎服或用酒泡用。

党参,鄂伦春语称"吟音细"。多年生缠绕性草本植物。根粗大,上部有横纹。根的尖端有许多灰棕色疙瘩。茎蔓生,长2至5尺。幼茎有毛,折断冒白浆。叶互生。一般生长于山区树林下腐植质深厚的地方。鄂伦春人一般是秋季采收，去泥土晒半天，用水揉搓再晒。党参可治脾胃虚弱、消化不良。与黄芪配用，可治慢性肾炎等症。党参能补养中气、调和脾胃、祛痰生津。用水煎服或生吃根茎都可。

风湿病、关节炎病。

风湿病多因受风寒、潮湿而发病。关节炎多数大关节有红肿、热痛之状，并伴有关节肌肉酸痛，尤以天气变化时疼痛加重。鄂伦春人预防治疗风湿病和关节炎有许多种草药，如 爬山松（鄂伦春语称"阿日叉"）。爬山松多生长在石砬子上，藤茎周围长着小松针。藤蔓状，遍地都是。爬山松主治风湿病。对腰腿痛、骨质增生有疗效。其用法：对风湿等类病，是用水煮爬山松的热气熏身体，然后再用其水汤洗患处。还有一种，把爬山松熬成药膏贴于患处，对风湿病有明显疗效。

"马尿臊"，鄂伦春语称"那热特"。"马尿臊"是草本植物，一般生长在草甸上或沟边。茎高约一米左右，秋季枝端开小白花。"马尿臊"主治关节痛、风湿、骨折等病症。用法是用枝叶熬水洗患处。

感冒（伤风）。

感冒多因身体抵抗力弱、病毒侵入人体而引起。大兴安岭的气候严寒，变化异常，人们很容易患感冒。为此，鄂伦春人也掌握了多种草药的功能及用法。如"烟袋锅花"，鄂伦春语称"衣木特尼厄车恨"，是多年生草本植物，株矮小，叶为心形，有长柄，叶表面绿色，通常只有叶片2枚。老株多至数枚。5至6月间于两叶间抽开红紫色小花，形如烟袋锅。多生于山林阴湿的草丛中。"烟袋锅花"主治风寒引起的头痛、偏头痛、痰多等症，是理想的抗感冒药物。

尿路感染。

治疗肾盂肾炎、肾炎、膀胱炎、尿道炎最理想的药物是车前子草。车前子草茎高约半尺左右，下有须状根。叶根生，有长柄。花穗状，种子细小，棕黑色。多生于田边路旁。鄂伦春人夏季采全草晒干，秋季采种子，晒干簸净备用。车前子主治尿路感染、小便不利、水肿、尿路结石、腹泻、急慢性肝炎、咳嗽等病症。煎水外洗，可治疗结膜炎。根捣烂外敷，还可治外伤出血。

黄芪，可利尿排脓，为补气之良药。

蚯蚓，鄂伦春语称"乌热"。蚯蚓多生于田园草地、潮湿疏松的泥土中。人们在春夏秋捉住用温水泡洗去粘液，用草木灰拌后剖开，洗去内脏泥土，晒干备用。蚯蚓有清热镇静，利尿解毒之功效。蚯蚓主治病症，除治小便不利、风湿性关节炎之外，还治热病惊狂、小儿惊风、头痛目赤、咳嗽哮喘、咽喉肿痛等症。

神经衰弱、慢性肝炎、肾虚等。

五味子，鄂伦春语称"乌拉日乌丘克"。五味子多年生木质藤本植物，藤细长，可达一二丈，多缠绕于灌木中。皮有花椒味。叶互生或簇生，边缘有疏小锯齿，花黄白色，浆果球形，成熟时红色，嚼之酸甜。鄂伦春人在秋季果熟时采下，晒干备用，药用果实。五味子主治肺虚咳嗽、盗汗、神经衰弱、肾虚腰腿痛和慢性肝炎等症。用法：用水煎服、泡酒服或泡白糖加少量的温水服用。

（五味子）

（三）外科疾病

痈肿、淋巴结核等。

蜂房，鄂伦春语称"租吐尼君"，即大黄蜂的窝。圆形，灰白色，多筑于房檐下或野外树枝上。蜂房四季都可采收，采后除去死蜂及蛹备用。其主治痈肿、淋巴结核、湿疹等症。煎水漱口治牙痛；内服可治小儿惊痫、抽搐、风湿痛等。

羽叶千里光，鄂伦春语称"西阿里汗"。羽叶千里光一年生草本植物，高2至3尺，根于地面处向下弯曲，茎有棱，花黄色，生于茎顶，呈伞房状。羽叶千里光一般可在夏季采收，晒干备用。其主治蛇咬、蝎蜂蜇伤、疮肿等症。用法：枝叶可用2至4两，捣烂敷患处；也可取干、根、茎2至3两，用水煎服。

蒲公英，俗称"婆婆丁"，多年生草本植物，株短小，贴地而生，株折断有白浆。花茎自叶丛中抽出，花顶生，花落后于顶端结瘦果，披针形，顶端有毛，能随风飞荡，很像小降落伞。"婆婆丁"在夏秋采集，药用全草，其功能清热解毒，凉血散结，通乳，利小便。主治疮肿毒、红肿热痛、淋巴结核和肝炎等症。用法：取1至3钱，用水煎服，也可将其捣烂或熬成流膏外敷患处。

(蒲公英)

(四) 五官科疾病

保护好眼睛是猎人的首要大事，急性结膜炎多因眼睛受细菌感染而造成。为了治好这种疾病，人们总结出许多好的治疗方法。

节节草，鄂伦春语称"木车贺"。节节草常丛生于树下、沟旁等阴湿的地方。药用地上的部分。夏秋割取，晒干切碎备用。节节草主治结膜炎、角膜炎等症，用水煎服。除此之外，还治疗便血、痔出血、脱肛等，研面外敷。

黄芪和蒲公英(婆婆丁)用水煎服，或煎水过滤后洗眼部均有疗效。

(五) 止血药

"鹿食草"。鄂伦春人对止血药物的认识和掌握，是在狩猎生产实践过程中逐渐总结出来的。据说从前有一猎人打伤了一只鹿，但没命中要害,受伤的鹿一边逃命,一边吃草。后来追鹿的猎人争分夺秒地追,发现鹿的血迹一点点消失了。猎人从而悟出:这不是一般的草,而是一种止血药。猎人虽没打着鹿,可带回来的是无价之宝——"鹿食草",它在鄂伦春人中间开始广泛使用。"鹿食草"的用途极广,它不仅止血,还补血、养血。人们如患有低血压、坏血症等症,总少不了要吃"鹿食草"。"鹿食草"多生长在陡峭的石崖上,采集到它很不容易,非下苦功夫不可。

黄芩,可引起凉血之功,对高血压、头痛、吐血、便血、月经多有疗效。

刺猬,鄂伦春语称"色恶"。刺猬体短而肥,四肢短小,嘴尖,吻细,形似老鼠。全身生硬毛,昼伏夜出,受到打击则头足蜷缩成球。多栖居于草垛、地穴中,人们一般是夏秋捕捉后将其皮剥下阴干药用。其主治便血、血痢、痔疮、子宫出血、肝硬化等症。

动物类中药的应用

鄂伦春族世代居住在大小兴安岭的深山密林之中。山林中的飞禽走兽不仅是鄂伦春人赖以生存的食物来源,而且也为他们提供了许多治病的药材。这些药物的发现,是在狩猎生活的漫长实践过程中,逐渐认识并加以应用的。

这里介绍几种利用野生动物药材治疗疾患的妙方。

鹿。

鹿全身都是宝。鹿角(鹿茸)可以入药。其作用是消炎以及对外伤有特别疗效。鹿茸是雄鹿头顶初生之角,在尚未骨化前砍或锯下,为珍贵补药之一。鹿茸含有硫酸钙、碳酸钙和胶质软骨,可"生精补髓,养血益阳,强筋健骨"(《本草纲目》)。在医药上可作兴奋剂、镇静剂和促进血液循环等,可治疗心脏病、神经衰弱、精液遗漏、阳痿早泄等症。用它制成注射剂,可用于治疗精神紊乱、心脏疲乏、脓毒疮疡等症。鹿茸有治百病的"美称"。其用法是：泡酒喝或研成面、冲水喝等。鹿眼眵，专门治疗抽筋、抽风等病。鹿眼珠，能治疗和预防各种眼病，而且起明目、保护视力的作用。其用法是把鹿眼珠剖开，挤出眼汁，一般是生喝，还可以煎水喝。鹿鞭是雄鹿生殖器，它是大补强壮剂，对男性病如阳萎等有特殊疗效，对腰腿痛也有疗效。用法有多种，一般是泡酒喝，蒸熟后吃或用水煎成汤喝等。鹿心血备受人们的喜爱。人们上山打猎一般是现打现喝，它能治疗各种心脏病。用温水泡着喝，一般是晚睡前服用，切忌用酒泡。鹿膝盖骨可用来治疗关节炎、风湿病、腰腿痛等疾病。用法是酒泡或研成面冲水喝，效果特好。鹿尾有滋补、强壮、活血之功能。鹿胎膏是把母鹿腹中的胎取出，与红糖一起煮，熬成膏，晒干备用，可治疗妇女病、月经不调、不育症等。

（马鹿）　　　　　　　（狍子）

狍子。

肝脏。鄂伦春人在打猎随时都可吃狍子的肝脏，一般是趁热生吃。它的作用是起明目、保护视力的作用，可防止得各种眼疾，还可起祛火滋补等作用。

肾脏。猎人打到狍子时，在开膛剖肚后，第一口要吃的就是热乎乎的肾脏。肾脏有补肾、健脾的作用。一般有肾病的人吃上几次狍肾，身体便会好起来。

胃黏膜。洗净煮熟即可吃，它专治胃炎、胃溃疡等疾病。

熊。

熊胆，即熊的胆囊。鄂伦春人一般是夏季猎捕，因此时质量最好。

熊胆是一种清热健胃的良药，有镇惊、镇痛、解毒、清肝的功能，能治疗眼疾、黄疸、胆囊炎及小儿惊风等症。对急性肾炎和高血压也有疗效。李时珍在《本草纲目》中记载，它还能"治请疳耳鼻疮恶……明目去酷，杀蛔蛲虫"等。胆汁配水，可当眼药水用。对肝硬化、腹泻、急性胃肠炎、痢疾等各种疾病都有特效。因此，熊胆有治百病的美称。

熊膝盖。可用来治疗关节炎、风湿腰腿痛、扭伤挫伤等病症，一般是泡酒喝或研成面冲水喝。

熊油。烤好内脏油，可用来主治结核病。

熊骨。人体哪个部位病痛，可吃熊体哪个部位上的骨头。用法是把熊骨头研成面用水煮沸喝其汤。熊骨起壮筋强骨的作用，有风湿病和关节炎的患者如喝熊骨汤，亦有明显疗效。

熊胎。能主治妇女病、月经不调、不育等症，是理想的妇女病药物。

獐子。

麝香是雄性獐子脐部与阴部之间的腺囊分泌物，有特殊香味，系世界名贵药材之一。

麝香有强心、醒脑、通窍、开经络之功效，主治热病、中毒、精神不振、不省人事及各种急症。麝香是中枢神经兴奋剂，外用能镇痛、消肿，还有活血、接骨等作用。麝香是避孕良药，只要把麝香放在衣兜里或闻一闻，即可起避孕作用。如果把麝香放在衣兜里，可终生避孕。但是已怀孕的妇女千万不能碰或闻麝香，那样会使胎儿流产。静脉曲张严重糜烂者，用麝香配药敷于患部，会使肌肉重新长起来。

獐子血。可起催眠作用，是极佳的安眠药，一般生喝，它会使人美美地睡上一觉，以解除疲劳。

野兔。

兔子血，被人们称为"万能血"。它主治急慢性支气管炎、哮喘、咳嗽、肺气肿等症，还起补血作用，一般是捕到兔后趁热喝其血。

灰鼠子。

鄂伦春人利用灰鼠子皮治疗疾病。如果患有皮肤病时，用新鲜的灰鼠子皮直接贴在患部，就能使皮肤长好。它有祛毒的功能。

(雪兔) 　　　　　　　　(灰鼠子)

水獭。

水獭的胆汁。主治牙痛,把胆汁放入牙缝里即可。水獭的头骨主要用于治疗风湿病,效果较好。一般泡酒喝。

狼。

狼舌头。人们用它来治疗烫伤,有较好的疗效。也能治疗其他疾病。炼好的狼油能治疗肺结核病,被人们称为"治百病"的良药。

獾子。

獾子油是治疗烫伤、烧伤的极佳药物。用法是先将其油烤出来,然后直接涂于患处即可。獾子血能治疗肺结核病,一般是生喝即可。

(獾子)

天鹅。

天鹅的胆汁有消炎、祛火之功能,可治疗肺炎、咳嗽等病症。天鹅血用于治疗肺结核病。

石耗子。

石耗子属老鼠类,没有眼睛,生长在岩石附近。人们用石耗子皮来治疗淋巴结、淋巴结核等病。用法是把皮子趁热贴在患处即可。

啄木鸟。

啄木鸟的舌头能治病,人们把啄木鸟煮熟后,吃其舌头来治疗虫牙病,并有保护牙齿的作用。

狗。

狗心有消炎、止痛等功效。主治扭伤、打伤等症。如果猎人被马踢伤,可用狗心敷在患处,有一定疗效。

鲇鱼。

鲇鱼是产妇催奶的最佳药物,鲇鱼肝脏可治多种疾病,是滋补的良药。

大马哈鱼。

大马哈鱼鱼子不仅是高蛋白食品,而且还能治疗各种眼疾,用法是用热水冲一下,七八成熟即可食用。大马哈鱼骨头可治小儿软骨、缺钙、佝偻病等症。用法是将鱼骨在炉子上焙干,研成面冲水喝或用水煎服。

乌鸦。

乌鸦蛋能治疗肺结核病,一般是生喝蛋汁,有一定疗效。

体育项目溯源

鄂伦春族是热爱生活、喜欢体育活动的民族。每到狩猎间隙,便开展丰富多彩的体育比赛活动。这里简单介绍几种鄂伦春族传统体育项目及其活动方式。

赛马。

鄂伦春语叫"衣如滴冉"。马匹是鄂伦春族的主要交通工具，打猎、驮运和搬迁都用马匹，同时还可开展赛马体育活动，每到春节、氏族集会或举行婚礼等活动时，人们都要举行赛马。赛马是鄂伦春人非常普及的一项重要体育活动。赛马有长途、短途之分。

（"衣如滴冉"——赛马）

射箭、射击。

鄂伦春语称"拍兰地然"。射箭、射击是鄂伦春族儿童、青少年以及中老年人都很喜爱的一项竞技活动。过去在节日里和氏族集会上都要进行射箭比赛。他们用松木做弓背，用犴筋做弓弦，用桦木做箭竿。在长期的狩猎生活中，由于熟练地掌握了使用弓箭的要领，射得都相当准确。在使用火枪以后，也用枪支进行射击比赛。

划桦皮船比赛。

鄂伦春语称"木沫沁"。桦皮船是鄂伦春族重要的水上交通工具，也是重要的体育竞赛器械。鄂伦春人从小就进行划船游戏。在夏季，青壮年猎手也经常三五成群地进行划船比赛，从而锻炼高超的划船

第五章 卫生、体育和游戏

（射箭）　（射击）

（桦皮船比赛）

技术。

游泳。

鄂伦春人居住的地区，河流纵横交错，密如蛛网，因而人们不会游泳是很难生存的。因此他们从孩提时代起，就在小河中进行游泳嬉戏，青少年时常进行游泳比赛。他们不但会在激流中顺水游泳，也会倒水游泳，有的人还会踩水等。经过这些锻炼后，到十五六岁长成为猎手时，不但能自如地游泳过河，还能把在河中打到的水禽和野兽轻松地拖上岸来。

跳绳和投石。

跳绳和投石是鄂伦春族传统的体育竞赛项目。跳绳,两人摇动皮绳,跳绳的人从不同的角度跳过,这是一种全身运动,对游猎民族来说是非常重要的。投石有三种,第一种是用手投掷;第二种是用柳条皮将石子夹住甩出去,后者比前者投掷得更远;第三种是将扁圆的小石子横撒在河面上,石子飞行在水面上荡开涟漪,打出连串的水圈。打出的水圈多者为胜。

滑雪。

滑雪源于狩猎生活。鄂伦春族长期生活在兴安岭地区,这里冬季雪大。在大雪封山的季节,猎人乘驯鹿或马匹狩猎非常困难,他们便在狩猎实践中发明了滑雪板。滑雪板用松木制成,长5尺,宽0.5尺,厚5厘米,中间拴有狍皮套子,把脚伸进向前蹬即可挂牢。穿上滑雪板后,双手各撑一杆,将杆头插地向后推,即可行走如飞。

(滑雪展示)

打球。

打球是鄂伦春人又一古老的体育比赛项目。"球有两种,一种是小球,用手当球拍在草地作网球式的游戏。一种是大球,用脚踢着前进或用手投掷",这种"球是用柔软的皮革制成,里面包有狍毛。"

还有一种球称"播那天波汗",是把长在柳树上的软磨(学名叫"蹄形菌",俗话叫"老牛肝")采下来,削成圆球。这种球小巧玲珑、轻盈方便。打法:两人在相距几十米的地方,相互扔球,接过来,再扔给对方,能准确地投打对方者为胜。这种体育项目,是全身运动,锻炼人的智力与技巧。

赛跑。

鄂伦春语称"吐善滴然"。赛跑是鄂伦春族不可缺少的体育项目之一。在早期的狩猎生产中,由于生产力低下,只能用棍棒、石器或弓箭进行狩猎,因而往往需要追赶被打伤的野兽,这就必须要有奔跑迅速,所以,提高赛跑速度就显得非常重要。赛跑有长跑和短跑,有负重和不负重的之分;有把双腿捆上蹦跳前进或单腿蹦跳等多种形式,目的是把腿脚锻炼得更加灵活,跑得更快。

("吐善滴然"——赛跑)

拽棍。

鄂伦春语称"潭滴任"。鄂伦春族当中有许多膀大腰圆的壮汉。为了确认谁是真正的大力士,他们便以"潭滴任"的比赛办法确定。比赛方法是两个大汉坐在地上,双手握紧一尺半左右的长木棍,双腿伸直蹬住对方的双脚。比赛开始,双方都用力往自己方向拽,把对方拽起来

（"潭滴任"——拽棍）

为胜。

跳高。

鄂伦春语称"干嘎利任"。猎人在山中打猎，翻山越岭、跨河沟、走塔头是常事。因此，猎人必须锻炼跳跃能力。为了比试跳跃技能，人们便开始"干嘎利任"的比赛项目。方法是用木杆撑跳大、小沟壑，或跳越横杆，跳得远、跳得高为胜。

摔跤。

鄂伦春语称"娟滴任"。也是一项重要的体育项目。比赛方法是，两个人互抱在一起扭摔，谁先把对方摔倒者为胜。

扛人。

鄂伦春语称"括唠挖喔娜任"。鄂伦春人长期居住在"斜仁柱"里，烧的柴禾往往要去山里或河边拣拾，或到山脚下去背扛。为了不使火熄灭，要天天扛，扛木头叫"括唠挖喔娜任"，扛人的比赛活动就是由此发展而来。方法是，一个人躺在地上，另一个人将其扛起来，绕着"斜仁柱"或篝火跑，谁跑的时间长，谁为胜。

第五章　卫生、体育和游戏

（"娟滴任"——摔跤）

儿童的几种游戏方法及其玩具

鄂伦春族儿童的游戏及其玩具,多同他们长大成人后的游猎生产有关。父母从小就注重培养他们的生产知识,注重技能的训练和智力的开发。可以说把生产知识和生产技能的训练寓于儿童平时的游戏之中。其游戏玩具虽然简单,但玩耍起来却别具情趣。

"阿尼罕"（用桦树皮等剪成的飞禽走兽）。母亲用桦树皮或毛皮给他们剪（刻成）鹿、犴、狗、天鹅、大雁等各种飞禽走兽的图型,让孩子们加以识别,并进行一系列捕捉动物的训练,使孩子从小就增长狩猎知识和懂得狩猎技能。

"阿尼汉特"（过家家）。用五颜六色的布头、皮边、鱼骨、兽骨、禽羽和杂草做成不同形状、不同年龄的人偶,或做成猎马、猎狗等。如做女人偶还扎成小辫或做个头饰。玩这种游戏需两人以上。玩者各自准备

175

(动物图案)

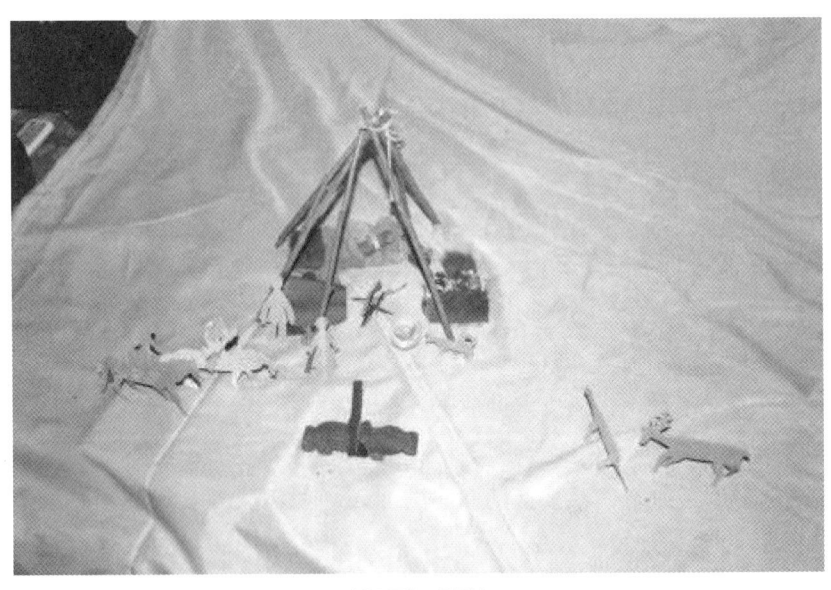

(阿尼汉玩具)

人偶及其他玩偶,用草棍、树枝盖起"斜仁柱",并按民族习惯把内室布置好。玩者把人偶的关系处理妥当,分好上下辈、亲属朋友等。玩的内容主要是反映生活中的趣事。比如出猎、打鱼、做皮活、放马、抓马、采集野果等。大家都听"长者"的吩咐，一家有事，大家都伸出友谊之手帮助。反映在自然环境中共同生活、和睦相处、团结互助的美好愿望。这种游戏，能使孩子们从小懂得热爱生活、尊老携幼、勤俭持家的重要性。

随着年龄的增长，男女的爱好便不同了。女孩爱学抱小娃娃的游戏，母亲就给她们用桦树皮制作"恩克"（摇篮）。孩子们把小"恩克"抱在怀里，学大人哄孩子的样子。孩子睡着了，就用皮边或布头给玩偶缝制衣服。用鹿的肋骨制作小刀让孩子来切野菜，学习女人应当从事的各种家务劳动。

男孩子喜欢玩小动物、骑马和射箭等游戏，父兄就给他们捉来狗崽、野猪崽和小鸟玩耍。他们还用一根树枝条子代为驯鹿或马，骑着跑来跑去。父兄还用树枝条制作小弓箭，把箭头削成尖形，有的还做成响箭，培养他们骑射和狩猎的兴趣。

"巴里哈特"（抓瞎），即一个人用帽子蒙住双眼，去抓别人。当抓住一个人以后，要立即猜出这个人是谁，如猜不准，就继续当"瞎子"。

"萨夫克垣"（被知晓、被认出），在暗处穿好用野草、鲜花、裘皮、禽羽伪装的衣服，或者男扮女装和女扮男装，将脸用东西遮住或用浓颜色涂抹，突然跑出，做出怪相和发出怪声，要人们将他认出来。

这两种游戏，对鄂伦春人来说具有特殊意义。鄂伦春人在狩猎中，听到微小的动物，就能辨别出是哪种动物在活动，看到野兽足迹和粪便，就能准确地判断出是什么野兽和离去的时间。这两种游戏无疑是为了锻炼孩子们的听觉和视觉能力。

"特更色帕然汉"（野猪皮雪橇）。在大雪封山的季节，大人为孩子们拿一块未加熟制的野猪皮当滑雪工具，孩子们坐在上面，2人或3人为一组，前者用脚当舵，后者搂腰或抱肩，从山顶上顺着雪道飞速下滑。尽管常有闪落者，但玩者周而复始，极尽其乐。

"嘎胡哈特"（荡秋千）。鄂伦春族长期在野外游猎生活，常常无暇顾及孩子。一旦得闲，大人们就在"斜仁柱"旁的歪脖树或大树横枝上挂上犴皮拧成的"嘎胡吉哈特"（绳索），供孩子们玩耍。孩子们荡悠秋千，高低起落，悠然自得。

"阿尤汗"(嘎拉哈)。"阿尤汗",是狍子前腿膝关节上的膑骨,去掉下面的筋肉,干燥磨搓后,就变成了小巧玲珑、凸凹有致的可爱玩物。每个"阿尤汗"都有四个不同的面,每个面都有固定的形状,分别叫作"木切"(背)、"初克"(坑)、"它阿"(轮)、"贰卷"(袗)。"阿尤汗"有三种玩法:第一种叫猜测,内含祝愿、祝福之意。抓一把"阿尤汗"然后扔撒在平地上,同时快速猜测"木切"多还是"初克"多。"初克"多就意味将来生女孩子多;"木切"多,就意味着将来生男孩多。如果"初克""木切"数相同,就意味将来生男孩、女孩均多。当玩到高兴时,大家喜笑颜开,打诨逗趣,往往把大姑娘、小媳妇逗得羞怯、脸红。这种玩法多为女孩子。第二种叫互弹。即逐个"消灭"的玩法。把20多个"阿尤汗"扔撒在规定范围内的圆圈中,玩者每人手中持枚母子,向圈内投掷,分出"木切"和"初克"后,便形成了甲乙对峙阵势,然后把母子放在圆圈的任意一点上,用中指或拇指弹击对方,被击中者,就算"死子"。最后以击中多少决胜负。有时扔撒后的"阿尤汗"会出现"贰卷",这时可拿起"它阿"和母子任意进行击打,打成"木切"和"初克"后再继续进行弹击。母子原地弹击和拿起击打,都不准跑出圈内。若跑出,就算"烧死"(犯规),聚起所有"阿尤汗"重新扔撒比赛。这种玩法对儿童的眼力、手力、手感都有很好的锻炼,可培养儿童的自信心。第三种叫抓"阿尤汗"。这种游戏是二人以上,各算各的。把"阿尤汗"撒开,抛起小布口袋(装砂石的布口袋),未等小布口袋落地,迅速用一只手抓起两个或两个以

("阿尤汗"——嘎拉哈)　　　　　　(玩嘎拉哈)

上相同面的"阿尤汗",并接住小布口袋。抓到2个为1个数,3个以上为10个数,4个以上为40个数。当抓满100个数时,就开始搬袗,搬袗难度较高,要求也严,其顺序是:"阿尤汗"扔撒后,抛起母子,在瞬间用手指把"阿尤汗"翻跃成两个以上的"木切"。把"木切"抓完后,再按"初克""它阿""贰卷"翻跃,其过程中如有一次母子失落就算失败。玩者必须手疾眼快,才能同时完成抛接小布口袋和翻跃"阿尤汗"不同面的双重动作。这种游戏集智力与技能为一体,动作优美,扣人心弦。

棋类游戏——下"章跟班弟"

"章跟"为鄂伦春语,即佐领的意思。"章跟班弟"是鄂伦春人所喜爱的一项古老的棋类娱乐活动,意为佐领与士兵对战,能锻炼对抗、作战技能。

鄂伦春人在游猎生活中,为了增强智力,并增加乐趣,解除疲劳,在狩猎间隙便进行下棋比赛。"章跟班弟"的棋子是用柳树条制成的,一头是平底,一头是尖形,有22个小棋子代表士兵,有2个是大点的棋子,代表两个"章跟"(佐领)。棋盘由两部分组成,棋盘两头是三角形,各有7个交叉点,即佐领(章跟)指挥部;棋盘正中是田字形,即士兵营,有25个交叉点。代表士兵的一方取22个小木棋中的12个,摆放在棋盘正中的12个交叉点上,表示先派出12个士兵;代表佐领的一方将2个大棋子摆在"佐领指挥部"的顶端,表示佐领各把守阵地(即指挥部)。比赛规则:22个士兵围佐领,不让它前进一步,或把佐领围得水泄不通,而两个佐领则想方设法吃掉小士兵。对弈中,佐领设法吃掉士兵而又不被士兵围住,而士兵设法围住佐领(章跟)而又不被佐领吃掉,结果是以士兵围住佐领或是士兵被佐领吃掉,而决定胜负。

下"章跟班弟"棋不仅反映了鄂伦春人游猎生活的鲜明民族特点,而且也为在山林中游猎的鄂伦春人增加了无穷的乐趣。

第六章　节庆、节气、婚姻和丧葬

节庆习俗

春节

鄂伦春族过春节期间,外出归来的年轻人,见到长辈时要行两次请安礼,一次是见面礼,一次为节日礼。除夕,天一擦黑,各家各户都在门前点燃一堆篝火,象征新的一年日子像篝火一样红红火火,并表示要驱除一切蚊蝇病魔。旧时,吃年夜饭前,男性家长毕恭毕敬地请出神龛,为神烧香上供,带领全家向神磕头,祈求神灵保佑全家幸福平安。然后到路口为已故前辈烧纸磕头,还要跪在篝火旁边拜祭火神,向火中投一些肉、酒,意为请火神吃肉喝酒。有的地方还要烧七炷香祭北斗星,北斗星每夜都出现,是长寿的象征。年夜饭必须吃饱,在新的一年才不会挨饿,家里养的猎狗、猎马也要喂得饱饱的。午夜时要在马圈里点一堆篝火,并捧着桦皮盆,嘴里"么!么!"地叫着马,围绕马厩走数圈,据说这样可使马匹繁殖兴旺。初一早晨天一亮,人们纷纷走出家门,鸣枪放鞭炮,表示迎接新一年的到来。全家还要面向东朝拜太阳,感谢太阳给人们带来光明与温暖。有的地方是烧九炷香,面朝南跪拜天神"恩都力",还要给山神"白那恰"磕头,祈求其在新的一年里多赐猎物。然后,老人察看门前篝火的灰烬:若灰烬上留有朝北的小孩脚印,预示今年要添丁进口;留有朝北的马蹄印,预示今年马匹繁殖;留有朝南的大人脚印,预示今年将有老人离世。返回家后,晚辈请长辈入席,并向长辈敬酒磕头拜年。长辈接过酒杯后要用中指蘸酒向天、地、中各弹一次,表示敬天、敬地、敬祖先,还要对晚辈说几句祝福的话。每说一句,晚辈就要答应一声并磕一次头。早饭后,年轻人要带着酒到其他长辈家拜年。到别人家拜年,进门先要拜火神,然后向长辈敬酒磕头。初二到初四,老年人开始互相串门拜年,年轻人则聚在一起赛马比箭,歌舞娱乐。初五为鬼节,因为鬼也喜欢热闹,所以这一天忌讳娱乐和喧哗,人们都安安静静地待在家里,以免把鬼招引来。初六以后便可以出门办事,一切如常。到了十五晚上,当圆月悬空时,人们纷纷来到户外,跪在银光闪闪的雪地上叩拜月神。鄂伦春族人认为月亮是黑夜照明引路的值班神,她能洞察大地,掌握着百兽行踪,所以向她祈祷,感谢她为暗夜布施光亮,并祈求她把各种猎物送到猎人面前。然后,年轻人在皎洁的月光下纵情欢乐,歌舞、摔跤、捉迷藏,直至深夜。翌日晨,无论男女老幼,都要早早起床,双手涂满锅底黑灰,走家串户,见到人就抹他一脸黑。十六抹黑,除公公与儿媳、夫兄与弟媳、大儿大女与父母之间不能抹,其他人不分长幼都可以抹,但晚辈给长辈抹时,必先磕头谢罪。据说这一日脸被抹黑能够驱鬼避邪。因为大家都想把别人的脸抹黑了,故追逐嬉笑,场面十分热烈。整个春节便在这热热闹闹的祝福中过完。①

篝火节

旧时鄂伦春族人对火特别崇敬,视火为神,民间流传着许多关于火的神话传说。每逢春节,都要举行祭祀火神的仪式。20世纪50年代后,鄂伦春族人殷切希望有一个以篝火为主要形式的民族节日,内蒙古自治区鄂伦春族自治旗旗委、人大、旗政府对族人的这一愿望非常重视,于1990年研究决定,将每年的6月8日定为篝火节,届时,男女老幼皆着节日盛装参加赛马、射击等活动。夜晚,人们围着篝火,载歌载舞,通宵达旦。后考虑到6月8日是防火戒严期,野外用火不安全,决定将篝火节改在每年的6月18日。②

"古伦木沓节"

"古伦木沓"为鄂伦春语,意为祭祀火神。鄂伦春人自古以来就有祭祀火神的习俗。火可以让人取暖、熟食。但也会给人带来灾难。于是鄂伦春人就将火尊为神来崇拜。每到年节、吉日,每户人家便在自家门前拢起一堆篝火,并焚香跪拜祈祷,饭前也要向火神敬酒、敬肉以示

---

① 关小云、王再祥. 中国鄂伦春族. 银川:宁夏人民出版社,2012:168—169.
② 关小云、王再祥. 中国鄂伦春族. 银川:宁夏人民出版社,2012:170—171.

第六章 节庆、节气、婚姻和丧葬

(鄂伦春族篝火节)

(鄂伦春族古伦木沓节)

崇敬供奉。长此以往,便逐渐形成了鄂伦春族人的习惯,每年6月初举行,事先,由氏族长或部落长派人通知散居各地的人们,要按时到预定的地点聚会。届时,人们带着好酒好肉及帐篷等,举家骑马到预定地点参加活动。活动内容丰富多彩。夜间,拢起多堆篝火,要请萨满进行祭神或祭祖仪式,这是"古伦木沓节"活动的一项重要内容。这个仪式要在氏族长或是部落长的亲自主持下进行。祭祀时要杀牲,然后请萨满跳神。人们聚在一起举行传统的文化活动,如赛马、射击、射箭、摔跤、对歌、跳舞及讲故事,热闹非凡。这样的活动要举行多天,尽情欢歌。①

"古伦木沓节"并不是单一的祭祀或祭祖活动,而是有着丰富的文化内涵,是真正属于鄂伦春族人自己的传统节日。1993年6月,黑龙江省鄂伦春族研究会成立大会上,与会的会员们共同探讨民族节日的事宜,并达成共识,将鄂伦春族在历史上传统的春秋两季文体活动和篝火娱乐活动正式定名为"古伦木沓节",即篝火节。时间为每年的6月6日。并向全省鄂伦春族人聚居区提出倡议,得到了各地的积极响应,黑龙江省部分鄂伦春族乡村相继召开"古伦木沓"篝火节。2005年黑龙江省民族研究院副所长、省鄂伦春族研究会会长韩有峰申请了非物质文化遗产名录,上报了省文化厅、国家文化部2007年,经专家评审"古伦木沓节"被列入国家级非物质文化遗产保护名录。至此,鄂伦春族"古伦木沓节"与春节、端午节等其他民族节日一样,成为法定的节日。黑龙江省5个鄂伦春族民族乡每年都召开"古伦木沓节",举办文化体育比赛活动。②

"臣德滴任"是鄂伦春语,意为比赛或比试的意思。鄂伦春族人在漫长的游猎生产生活中,无论是狩猎、捕鱼,还是生产技能方面都积累了丰富的经验,有独特的技能,过人的本领,都能体现出聪明、智慧。人们在平时或年节、民族聚会时,都免不了各种才艺比赛。久而久之,体育竞技、手工技艺、捕猎特长成为"臣德滴任"比赛的活动内容,人们比力气、比才能、比智慧,形成了自己独具特色的传统比赛节日或活动,成为一种风俗习惯。为了继承和弘扬民族优秀传统文化。大兴安岭塔河县十八站、呼玛县白银纳曾召开多次"臣德滴任"传统体育运动会。

---

① 关小云、王再祥.中国鄂伦春族.银川:宁夏人民出版社,2012:171.
② 关小云、王再祥.中国鄂伦春族.银川:宁夏人民出版社,2012:171.

第六章 节庆、节气、婚姻和丧葬

("臣德滴任"文化节)

节气习俗

鄂伦春族人的节气习俗，是根据生产需要创造出来的，同他们主要的生产紧密结合。他们以月圆12次为一年，一年分春、夏、秋、冬四个季节，按动物与鸟类在不同季节的活动规律来划分。在长期的狩猎生产生活中，鄂伦春族人积累了丰富经验。动物和鸟类是季节的"气象员""信息员"，它会告诉人们，是什么时候、什么季节了。因此，人们在什么季节就干什么活，什么季节打什么动物。在一年四季12个月里，都安排得满满当当，年复一年，月复一月，鄂伦春族人创造着自己生命的美好与辉煌。①

春季"鹿胎期"

每年的二三月份，春回大地，积雪初融，河边的柳树开始发芽，预示

---

① 关小云、王再祥. 中国鄂伦春族. 银川：宁夏人民出版社，2012：172.

着春天的来临。这时所有的猎民乘马携犬,进入深山,开始狩猎的旺季,猎人称为"鹿胎期"。母鹿怀胎已经几个月,此时猎获母鹿可熬出质量上乘的鹿胎膏。鹿胎膏是妇科良药,可治疗妇女病,如不孕症、月经不调等。鹿肉可食,味道鲜美,肉质细嫩无脂肪,是鄂伦春族的传统肉食手把肉的上等原材料,也是晾晒肉干的主要材料。这个季节,猎人们还去打野猪、狍子、猞猁、犴等;同时,借着春天冰雪融化时,晚上点燃火把开始在河边上叉鱼、捕鱼。春天是鱼产卵的季节,细鳞鱼一对对地在浅水的小河中游来游去,人们站在岸边上用三齿叉叉鱼。到了5月份,映山红(达紫香花)开遍山野路旁,装点着人们的生活;人们纷纷上山赏花采花,感受春天的气息;天鹅、大雁、野鸭子等候鸟飞回来了。人们把绿色的野鸭子头皮贴在"斜仁柱"门口处,预示着幸福与吉祥。①

春天来临,"撸秃"鸟(鄂伦春语,一种鸟名)"撸秃……撸秃……"鸣叫着,告诉人们:春天已经到来。这个季节,利用刮南风的机会,一发现有犴的踪迹,猎人就爬上背阴坡对面的高山瞭望,利用高山的优势和风向居高临下猎捕。

到了春天,朝阳的地方白雪首先融化,大群的野猪就到朝阳坡上吃草根、干树叶、橡子等。四月初是母猪产仔的季节,产仔前母猪要找一个背风干燥隐蔽的朝阳坡下面筑窝。这个季节猎人是不爱打野猪的,但如果野猪不小心闯入猎人的枪口,那就怪它倒霉了。

夏季"鹿茸期"

五六月份到处是丰美的青草,山花烂漫,草木葱茏,猎人们远行森林,掌握马鹿喜欢到碱场吃碱草的规律,"蹲碱场"专门猎取马鹿,割鹿茸、犴茸。鹿茸要用滚开的开水小心地分部位地进行脱血处理。然后,吊在阴凉通风处,让蚊烟熏着;用锋利的猎刀把鹿尾毛刮光,里面少掺些食盐也拴绳吊起熏干;鹿筋要先把鹿爪剥掉,从腿骨上把筋和肉都卸下来,再用猎刀把沾在筋上的肉一点点剔下来,然后把鹿筋挂在通风、阴凉处阴干。鹿身体各个部位都是不可多得的名贵药材,各自都有不

---

① 关小云、王再祥. 中国鄂伦春族. 银川:宁夏人民出版社,2012:172.

同的功效。在那缺医少药的年月,这些药材都是鄂伦春族人治疗一些疾病、延年益寿所不可缺少的。鄂伦春族人认为:马鹿是一种特别精的动物,它能尝吃各种各样的草药,还能找到山林中稀有的药材——灵芝。所以才有马鹿全身都是宝之说。以前,每年打春时,老人们把一冬积攒的兽骨洗净后,砸成碎块,和蹄筋一起用大锅炖烂,全家人一起吃。据说这时的鹿筋小孩吃了会长得和鹿一样结实健康。"鹿茸期"大约有一个月,这个时期也是母鹿产仔的时候。因此,猎人对母鹿和小鹿,特别是幼小的鹿总是枪下留情。如果能猎获一两架上等鹿茸,一家老小全年的衣食生活就有保障了。在"鹿茸期"妇女和儿童采集柳蒿芽、老山芹及其他山野菜。布谷鸟开始鸣叫后的半个月(五六月),是扒桦树皮的黄金季节,此时的桦树皮水分充足,桦皮易扒,颜色好,树皮有韧性和光泽,妇女们上山扒桦皮,开始制作桦皮用品;而男人们要在繁忙的时候,开始制作桦皮船;妇女们起早贪黑打柴煮饭、侍候马匹、照看小孩,最吃力的还是晾晒肉干和晒肉条这项劳动。由于天气炎热,蚊蝇多,鲜肉放不住,男人每天猎到的猎物,妇女要全力以赴地收拾才行。几百斤的肉,要在一天之内全部切成肉块煮上,把煮好的肉块晒在沙滩和帘子上,把割好的肉条挂在木架上,还要在架子底下点蚊烟,用于驱赶蚊蝇,促使肉块、肉条尽快成干。

到了 7 月中旬,"卡达嫩"(鄂伦春族语,一种鸟名)飞来飞去。猎人听到"卡达嫩"小鸟飞走了,就知道狍子发情期到了。这个季节,猎人们全部上山打狍子。

每年的四五月份是飞龙的交尾期,飞龙发出清脆而尖利的叫声,在林中呼唤情侣。此时,猎人用嘴和手指巧妙地吹出飞龙相爱的情音,使飞龙鸟听后飞奔而来,便于猎取。

夏天,在犴经常活动的地带,如小沟帮子、大河两边,猎人骑着马带着猎狗搜寻,猎狗闻到河边柳条里犴的气味,就能进去把它赶出来,可以轻而易举地猎到犴。①

---

① 关小云、王再祥.中国鄂伦春族.银川:宁夏人民出版社,2012:173.

秋季"鹿围期"

九十月份,金风渐起,气候凉爽,草木枯黄,山野一片丰收景象。鄂伦春族人根据季节的变化,如桦树叶发黄、奥拿悢(鄂伦春族语,一种鸟名),这种鸟昼伏夜出,专在夜间"噢——噢——"叫,人们听到这鸟声,便知道犴的发情期到了。这也正是马鹿、驼鹿交尾前的准备阶段。公鹿要大量进食,养精蓄锐。这时的鹿茸已经老化变成了干硬尖锐的干杈子,鹿经常在树上蹭干杈子,使它变成又硬又尖的自卫和进攻的武器。到了白露,公鹿已经吃得膘肥体壮,全身皮毛闪闪发光,脖子长得皮厚毛长,显得特别威风。鄂伦春族人在鹿的交尾期发明了用"乌力安"(哨)叫鹿的方法,"乌力安"可发出惟妙惟肖的鹿鸣声。这时,正在四处寻找伴侣的公鹿和母鹿,一闻此声就会四蹄生烟般地跑到猎人的眼下。这时的肥鹿性情特别暴躁,胆子特别大,双眼发红,不吃食,四处乱窜寻找配偶,一副拼命争抢母鹿的架势,这正是猎鹿的好机会。①

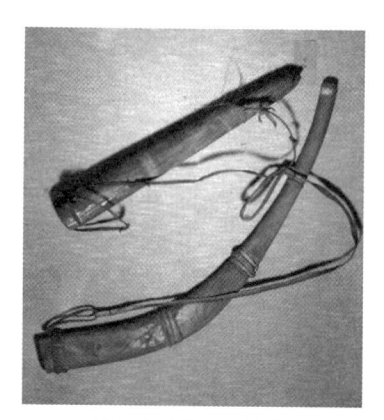

("乌力安"——鹿哨)

秋季是丰收的季节,也是鄂伦春族人一年中最忙的季节,猎人在山林中打犴、树鸡、狍子和熊,妇女和儿童采集野果,如都柿(蓝莓)、稠李子、山丁子、雅格达(红豆),还采集各种药材,如五味子、狼舌头草、黄芪、柴胡等,储存焙干,以备冬季使用。

---

① 关小云、王再祥.中国鄂伦春族.银川:宁夏人民出版社,2012:173—174.

第六章 节庆、节气、婚姻和丧葬

每到秋末,大马哈鱼上溯到呼玛河中产卵,渔人叉上一条后,后面的又跟着上来。10月份,人们把大马哈鱼摞成鱼垛,把水浇在鱼垛上。由于天气转冷,浇在大马哈鱼垛上的水很快结冰,鱼罩在冰水中,不易风干,又起到保鲜的作用。更重要的是不容易被小鸟、黄鼠狼等动物破坏。

熊胆是珍贵的药材,可消炎、清热明目、解毒。熊掌是各种高级宴会不可多得的名贵菜肴之一,可以和名贵的鲨鱼翅、燕窝等相媲美,熊皮可做褥子,熊毛可做马鞍垫和鞋垫。①

冬季"打皮子期"和"打肉期"

11月至翌年2月,雪落北国,满山银装。猎民们倾力猎取各种皮张,下头一场雪后,鄂伦春族猎人开始忙碌起来。商品经济发展起来以后,狩猎对象扩大,特别是细毛皮张的种类大大增加。在细毛皮张中,除貂皮外,还大量猎取水獭、猞猁、狐狸、貉子、獾、狼、雪兔、香鼠、黄鼠狼和灰鼠子等。水獭夏季皮毛不好,毛细绒少;冬天毛绒多,皮子价值较高。猞猁皮价格昂贵,是非常珍贵的毛皮品种,不仅柔软、有光泽,而且非常暖和,是制作裘皮衣的上等原料。鄂伦春族人除用猞猁皮毛做帽子和衣领等以外,还用于交换和出售。貉子毛长,呈棕灰色,皮毛很珍贵。鄂伦春族猎人猎取貉子,除了用其皮毛做帽子外,还用于交换。灰鼠子是松鼠的一种,毛灰褐色,毛皮珍贵,肉可食,皮毛用以做衣领、袖口、手套边、领口等,多用于交换和出售。紫貂,貂的一种,比猫略小,毛棕褐色,毛皮珍贵,是东北特产之一。鄂伦春族人向清朝进贡的主要是紫貂。在生活当中,鄂伦春族人常用的皮张有狍子皮、犴皮、鹿皮、熊皮、兔子皮等。这些皮子结实耐磨,实用性强,能做各种用品,如帽子、手套、衣服、裤子、被褥等。在捕猎这些野兽方面,鄂伦春族人同样积累了丰富的知识和经验,也有其独特的猎捕方法。②

以上四个季节总称为"红围期",是指打猎的好季节,并含有丰收和吉祥的意思。鄂伦春族人的四季是不平凡的12个月,他们在十分艰苦的条件下劳动和生活;每一天、每一个月、每一个季节都过得那么充实

---

① 关小云、王再祥. 中国鄂伦春族. 银川:宁夏人民出版社,2012:173—174.
② 关小云、王再祥. 中国鄂伦春族. 银川:宁夏人民出版社,2012:174.

和愉快。在四季 12 个月的生活中,对四个季节不同动物规律的了解和掌握,用科学的知识来指导生产和生活,标志着他们思维的进步。

婚姻习俗

鄂伦春族人在婚姻制度方面经历了血缘群婚制、族外群婚制、对偶婚制、一夫一妻制等不同发展阶段。清朝统治以后,随着个体家庭的逐步成长,鄂伦春族人的一夫一妻制也逐渐巩固。鄂伦春族人有两句谚语:"花儿凋谢了就不能再美,姑娘养汉哪能再说媒。"鄂伦春人对一夫一妻制的坚持,甚至表现在人们对死后的迷信中,他们还认为:如果一个女人生前与两个男人结婚,死后也要被两个男人所瓜分。

一夫一妻制度

鄂伦春族实行一夫一妻的男婚女嫁的婚姻制度,坚持同姓不婚,并严禁在同一氏族内部或辈分不等的男女间通婚,长期保持着古老的氏族外婚制。就是说只有在不同的氏族之间才能通婚。据民国七年(1918 年)三月十五日《鄂伦春姓氏辨别并婚丧礼习俗及各理论》记载:"莫尼西勒尔姓孟、谷拉伊勒尔姓关、伍查罕姓吴、戈卧西勒尔姓葛、韦罗力勒尔姓魏、车普哲侬勒尔姓查,此六姓之变汉也。查关、孟、吴三姓之户为大多数,其葛、魏二姓为少数。"[1]"前曾条陈库(库玛尔路)民孟姓居多,因拘古礼,同姓不能结婚。据称,自古传说,前三姓原系一家弟兄三人,后二姓即弟兄二人,均系各以原居山河为姓,分派源流,所以三姓中不能互为婚姻,其二姓者亦如之,仅以三姓、二姓两面互相联姻,此由来已久,即或赐姓孰敢为违祖传,致混一脉等情?"[2]鄂伦春族人一直固守着同姓不婚和氏族外婚制。据《瑷珲县志》《鄂伦春纪事诗三十韵》

---

[1] 档案史料选编.黑龙江少数民族.哈尔滨:黑龙江省档案馆,黑龙江省民族研究所编(内部发行),1985:129.
[2] 档案史料选编.黑龙江少数民族.哈尔滨:黑龙江省档案馆,黑龙江省民族研究所编(内部发行),1985:129.

(民国九年十二月)记载"待字因占风"(鄂民吴姓甚多,亦有不婚之制,闻呼玛一带栖林女子,有至老不嫁,因同姓故云)。

随着人口和氏族的增多,如必须族内通婚时,要按照氏族规矩,杀牲祭天,宴请亲友,经商议同意后方可通婚,如不同意仍不许通婚。由于氏族间相距较远,往来也较多,同时也不允许自由恋爱,婚姻一般都由父母来包办。

鄂伦春族人在氏族外婚制的前提下,实行的是交错从表婚,但鄂伦春人在长期的缔结婚姻的实践中认识到:血缘远一些,对子孙后代的健康非常有利。因此,他们不习惯直接从表,即表兄弟姊妹结婚,而是习惯间接从表婚,即堂姑母、堂舅父的兄弟姊妹间结婚。这种姑舅表婚,是从古代沿袭下来的族外群婚制残余。

新中国成立以前,鄂伦春族人保留的若干群婚和对偶婚残余还表现在如下一些方面:如残存妻姊妹和夫兄弟婚,即妻子死亡,妻子的妹妹可以嫁给姐夫,同样,丈夫死亡,丈夫的弟弟可以娶其嫂为妻;如果弟弟死了,哥哥不准娶弟媳为妻。这种妻姊妹婚和夫兄弟婚正是母系社会族外的遗留。

再如抢婚在鄂伦春族习俗中也有遗留,当少妇丧偶,又没有孩子,其娘家可以把她另许配人家。如原婆家不同意她改嫁,娘家人同新许配的男家及其亲友可以一起抢亲,抢亲的人们突然闯进"乌力楞",将女子从其婆家的"斜仁柱"中抢回来,原来男家就无权再留女方。由此可以看出在早期鄂伦春族习俗中是存在过对偶婚制的。①

如果只有女儿,而无儿子时,可以招养老女婿,嫁女时不要彩礼,养老女婿到女方家不改姓氏,所生子女也仍随父姓。养老女婿到女方家后,很受女方氏族成员的爱护和亲近,一旦遭到他人欺辱,女方的叔伯和婶娘们就会出来保护。②

求婚与订婚

过去,鄂伦春族人的婚姻由父母包办,订婚的年龄普遍在七八岁,

---

① 赵复兴.鄂伦春族游猎文化.呼和浩特:内蒙古人民出版社,1991:328.
② 韩有峰.鄂伦春族风俗志.北京:中央民族学院出版社,1991:85.

少数在十几岁,也有指腹为婚的习俗。

订婚,一般习惯都是男方父母主动遣媒人去女方家中求婚,媒人多是有经验的能说会道的人。媒人先带着酒到女方家,双方喝过酒后,再道明来意,女方父母一般都不轻易答应,说些谦卑的客套话。例如,自己的姑娘年岁还小,不忙于定亲,或者说姑娘又笨又傻,另请别家的姑娘吧,等等。这时,媒人就施展其口才,不断夸奖姑娘的容貌和贤能。但是按常规很少一次就能说成。媒人要去上两次到三次,经过一再恳求,女方家长才肯答应定亲,也不直截了当地说明白,只是在话头上稍加流露,这时敏感的媒人一旦听出话音的意思,赶紧跪下叩头,这门亲事就算说成了。如果女方父母坚持不同意定亲,便不喝媒人的酒,表示拒绝,或者媒人去了三趟,仍得不到任何同意定亲的话语,这门亲事就算吹了。

求婚成功后,男方父母要过一段时间(数月或一两年)同媒人一起带着酒到女方家里去商议彩礼事宜。由女方家长提出彩礼的项目和数量,一般要两三匹马,多的要四五匹马,一口野猪,两桶到四桶酒,每次送彩礼到女方家中时,女方皆要请他们到"乌力楞"中喝酒,同时也招待男方送彩礼的人。正如《鄂伦春姓氏辨别并婚丧礼俗及各理论》(民国七年三月十五日)中记载:"婚事初定,即以男家送马一两匹不等与女家,即为定礼。昔时允后,男归女家,生有孩童始行同回男家,备酒诞(延)客,亲友俱来称庆。"[①]又如《瑷挥县志》《鄂伦春纪事诗三十二韵》(民国九年十二月)记载:"酒马定婚仪(两姓结盟时,男家携猪酒至女家,邀亲朋故旧聚饮。复纳马匹以代禽仪,名曰吃察醋)"。女婿在第一次或第二次送彩礼时来女家拜见岳父母。如果是指腹为婚的亲事,孩子生下来以后,多由男方主动到女家商定彩礼数目。在最后一次送彩礼的时候,双方才商定结婚的日期,一般多是女方家长提出日期,男方家长总是想把日期尽早提前,早日把媳妇娶到家中。

认亲

如果求婚已定妥,男方就抓紧前往女方家举行认亲仪式,鄂伦春语

[①] 档案史料选编.黑龙江少数民族.哈尔滨:黑龙江省档案馆,黑龙江省民族研究所编(内部发行),1985:130.

叫"参突拉日任"。未婚夫要穿上新衣服,由母亲或婶母、媒人和其他亲友陪同,携带好酒好肉到女方家去。举行认亲仪式时要摆设酒席,宴请女方亲属,女方家也要邀请一些亲属参加,在酒席间女婿要给女方的所有长辈敬酒磕头。通过这种仪式,双方就算正式定了亲,即订了婚,从而不仅被社会所承认,也会受到氏族习惯法的保护。认亲仪式结束后,男女就可以回家了。如果路途较远,还可以在女方家休息几天再走。据说在早期的一些鄂伦春族人中有青年男女在婚前同房的习俗,即在认亲的当天就可以在女方家同房。

(认亲)

据《嫩江鄂伦春初等小学校长王述曾对边地鄂伦春风俗之调查》(民国三年一月二十七日)记载:"婚嫁,女家必索擦力(想系彩礼之讹),即酒斤、马匹,交付之际,男即住宿女方家,过数月或三五年后,再将新妇驮来,遂成夫妇。"①这种习俗的来源还有:除保留有母系社会女娶男嫁遗风的成分外,主要与清朝时期的强拉兵丁有关,当时作为布特哈八

---

① 档案史料选编.黑龙江少数民族.哈尔滨:黑龙江省档案馆,黑龙江省民族研究所编(内部发行),1985:129.

旗组织成员之一的鄂伦春族,成年男子经常被强行拉去当兵征战,死活难卜。因此,已经求亲定妥的应征青年,经双方父母同意,便急忙带些礼品,前往女方家认亲并提前同房,目的是指望能留下一个后代,或因有家眷牵挂,还可以早日回来,以后逐渐成为一种习俗。在同房前还要给未婚夫妻盛一碗"老考贴"(即黏饭)。两个人要用一双筷子,同一个餐具,表示以后要互敬互爱,同甘共苦。吃黏饭,象征着两人要白头到老、恩爱一生。认亲时男女双方都要穿上漂亮的新衣服,并且皮衣服要用黑皮子镶云字边,女婿穿的坎肩的肩上要缝上红布,并在背面和肩头绣上云字纹,姑娘要修鬓角,并把头发梳成两条辫子缠绕在头上。这种衣着打扮别人一看便知他(她)已经订了婚。①

("老考贴"——黏饭)

婚礼

鄂伦春族婚姻习俗,首先是男方同族兄弟姐妹组成一个声势浩大的接亲队伍,簇拥着新郎前往女方家里娶新娘。如果男女双方同住在

---

① 韩有峰.鄂伦春族风俗志.北京:中央民族学院出版社,1991:88.

一个"乌力楞"或村庄,新郎将新娘接出家门后骑马绕"乌力楞"或村庄行走一圈,由男方家迎亲的人将新娘搀扶下马,接进新房,然后举行婚礼仪式。若双方居住较远,接亲队伍必须提早出发。此时,女方家也组成一个较有气势的送亲队伍出迎男方接亲的客人。两队人马相遇后要举行一个别开生面的赛马活动,其实这是两个"乌力楞"的实力较量,但据说这次赛马如果女方获胜则对女婿不利。所以,当女方探知男方实力后便主动相让。新娘的长辈(除父母外),兄弟姐妹和其他亲友,还要组成一个送亲队伍将新娘护送到新郎家。婚礼仪式开始的时候,双方的长辈首先被请到预先布置好的场地就座,新郎新娘在主持人的引导下跪拜天地,然后新娘拜见了公婆,新郎新娘跪拜所有长辈,接受磕头的人要把带来的礼物送上来,表示祝福。男方家长向火神敬献过酒肉之后,婚宴开始。新郎新娘向所有的人敬酒并行屈膝礼,受礼者除长辈外要起身还礼。婚宴中新郎新娘吃肉时要用一把刀,割一个盆里的肉,意为永不分离,紧紧地连在一起白头到老,"察酪吃后两无猜,新婿新娘任往来,待得良辰来大礼,小儿小女绕妆台"①。最后大家围着篝火,手

(送亲)

---

① 档案史料选编.黑龙江少数民族.哈尔滨:黑龙江省档案馆,黑龙江省民族研究所编,1985:132.

(接亲)

拉手唱歌跳舞,祝福新郎新娘美满幸福。入夜,要由婶婶、嫂子给铺床,两人盖一床被子,并由她们看着新郎、新娘宽衣躺下,才把灯熄灭离去。"雏姬学弄璋(鄂俗两姓联姻,未完花烛,即许以谐伉俪,迨于归日,儿女成行者有之。)"[1]次日早晨,新郎新娘要向初升的太阳磕头祈福,祈求太阳给他们温暖。早餐后,新郎新娘为女方的客人敬酒送行,女方客人喝完酒后将酒杯揣入怀中策马疾驰,而男方的亲友要骑马急追,想方设法夺回酒杯,否则会被认为无能。因为女方的父母不参加婚礼和婚宴,当女方的客人返回时,男方父母要请他们带一份最好的酒肉给亲家。新郎新娘结婚后,夫妻要回到女方家住一个月或几个月,有的要头胎出生后才能回到男方家。"儿生未嫁时(吃察酪后,即许夫妇同羁,惟婿常住岳家,待完婚时,恒有有子女者)"[2]。

---

[1] 档案史料选编.黑龙江少数民族.哈尔滨:黑龙江省档案馆,黑龙江省民族研究所编(内部发行),1985:133.
[2] 档案史料选编.黑龙江少数民族.哈尔滨:黑龙江省档案馆,黑龙江省民族研究所编(内部发行),1985:134.

鄂伦春族姑娘出嫁时有娘家陪送的习俗：娘家陪送一些嫁妆，要根据家庭经济状况以及男方送彩礼的多少而定，一般是姑娘用的东西都要带走，舅舅、叔叔、伯父及哥哥、姐姐等近亲所送的礼品都要带走。按照常规，嫁妆属于女方私有财产，兄弟分离，夫妻离婚，嫁妆都不属于被分财产。为了让女儿在婆家的地位高一些，多有一些经济自主权，女方的父母总是千方百计地多为女儿准备一些嫁妆、衣物、首饰及其他生活用品，但最主要的还是陪嫁马匹，而且多陪嫁雌马，因为嫁妆马繁殖的小马也属于嫁妆。

丧葬习俗

鄂伦春族的丧葬习俗非常古老。它渊源于人类原始的万物有灵观，图腾崇拜、祖先崇拜、恐怖的死亡和对死亡的恐惧引出的对生殖和生命的崇拜，丧葬观引申出了神的世界和鬼的世界。

鄂伦春族在新中国成立以前尚处于原始社会末期地域公社发展阶段，在丧葬方面还保留着许多遗俗，它揭示了早期丧葬的状况。在鄂伦春族人中，早已产生灵魂和肉体分离，而灵魂不灭的观念。他们认为，人死后灵魂继续生活在另一个世界——阴间。同时，也认为死者的灵魂能作用于生者，因此产生了崇拜和畏惧的心理。这样一来，活着的人就极力安排好死者的生活，以示对死者的崇拜，于是就产生了对死者的各种丧葬仪式。

葬式和葬具

新中国成立前，鄂伦春族的葬式，主要有树葬（也称风葬）、土葬和火葬。早期主要是树葬，后来是先树葬，后土葬，即所谓二次葬，最后有的只实行土葬，火葬主要是用于患急病死去的青年人和孕妇。

早期，鄂伦春族人的"风葬"是把死者的尸体装在桦树皮或柳条编制的"棺材"中，"曾陈栖林人有亲已故，即用桦树皮包裹，架于树枝之上,三年后,始行取下,装于木槽,谓之捡骨埋葬"①。"亲丧则架木悬尸,俟晒干然后埋葬"②。"风葬"时,要把树林中对角正方形的四棵树在距地面两米高之处锯断,并在树桩上搭上横木。"风葬"一般是过两三年后只剩下骨头时,要"捡尸骨",即将死者骨头捡入木制或桦树皮做的棺材中埋藏,也叫二次葬。这种葬俗谓之"风葬"。据史料记载:"杉棺完葬礼(葬礼最简,惟备酒肉,聚亲族于山顶饮之,复殓其尸于棺,葬名曰纳骨尸)"③。"纳尸分燕翼(人死先架上,越一二岁始行殡葬,彼时召集亲友,分立两行,如燕翼然,名曰纳骨尸)"④。

(老萨满关扣尼的风葬墓地)

---

① 档案史料选编.黑龙江少数民族.哈尔滨:黑龙江省档案馆,黑龙江省民族研究所编(内部发行),1985:128.
② 档案史料选编.黑龙江少数民族.哈尔滨:黑龙江省档案馆,黑龙江省民族研究所编(内部发行),1985:128.
③ 档案史料选编.黑龙江少数民族.哈尔滨:黑龙江省档案馆,黑龙江省民族研究所编(内部发行),1985:131.
④ 档案史料选编.黑龙江少数民族.哈尔滨:黑龙江省档案馆,黑龙江省民族研究所编(内部发行),1985:131.

第六章 节庆、节气、婚姻和丧葬

"风葬"之后二次葬同游猎经济有直接关系。猎人及其家属出外打猎,有的人死在猎场,就暂时树葬在那里,待过两三年后,再把尸骨捡回来,葬在自己氏族或家族的墓地。将同一氏族或家族的死者埋在一起,他们认为这样一来,死者在冥阴世界就又可以在一起生活了。夫妻合葬(并骨)也可能是出于同一考虑,两人一先一后死去,后死者要埋在先死者的近旁,以男左女右的位置来安葬。二次葬要比"风葬"时隆重。

"鄂伦春族的葬具基本有五种。第一种,在葬地找4棵或2棵成正角的树,借树杈搭以横木,铺上树枝,将尸体放在上面,用桦树皮遮盖,这是最古老的葬具。第二种,用柳条编棺材,在葬地找对角的4棵树,把树头砍去,在树杈上横搭两根木杆,把棺材架在上面,另外也可以在两棵树之间搭一横杆,把棺材吊在上面。第三种,独木棺,即将"大树凿穴殓之,置于高岗树杈上"。第四种,在地上挖坑,用木椽将坑底和四周镶起来,将尸体放在里面,上面再盖以木椽,用土掩埋。第五种,木板制作的简单棺材,如是树葬,棺盖上有脊,以使雨雪从两侧滑下,如是土葬,棺盖则是平顶。"①

殉葬和殉葬品

鄂伦春族人认为,人死后要在冥阴世界里生产和生活,因此,要把生产和生活用具都带去。马匹是鄂伦春族人的主要狩猎工具和交通工具,是他们须臾不能离开的,因此,认为人死后要把死者生前骑的马也带去,所以,将马宰杀而殉之。殉葬猎马较为普遍。下葬时,将死者生前骑过的马,拴上长长的缰绳,由死者的亲人按辈分、年龄依次拽着,萨满念过"你骑过的马随你去了,它会保佑你的灵魂"等祷告词后,把马杀掉,连同鞍具和被击毙的猎狗一起葬在墓旁。马杀死后,剥皮时不能将四个蹄子割掉,头和内脏也不能分割开,只是把肉扔掉,然后用带有四个蹄子的马皮将内脏包裹起来,使其像一匹完整的马,供放在树丛棺木前。如果死者家里很穷,葬不起马,可以将死者的衣物、马具等驮在死者生前骑过的马背上,绕墓地转三圈或者扎一个草(纸)马烧掉。

---

① 赵复兴.鄂伦春族游猎文化.呼和浩特:内蒙古人民出版社,1991:334.

以示死者乘马而去。现在人们已经不再殉葬猎马了。但是老猎人去世,还是要用纸糊或者剪一些马、狗、鞍具等随葬。①

葬礼

葬礼在严肃、庄重的气氛中进行。葬礼由"担沁"主持。"担沁"即主持丧葬的人(白事先生或阴阳先生),如有人去世后,首先通知所有的亲属和好友,然后恳请异姓人当"担沁"(家庭和氏族外的异姓人或死者的亲家来担任)。亲属或年长者给死者穿衣服时,"担沁"祈祷:"我们给你穿衣服,别惊动他人,别给家人带来灾难。"死者的衣服穿好后,安放在铺着木板的地上,尸体上盖一块白布,头上盖着毛巾。在死者的头顶旁供奉各种祭品,一盏油灯。前来吊丧的人,先给死者磕头,接着点烟,并告诉死者自己是谁,带来的祭奠品中有啥,并把带来的祭奠品交给主葬人,以表达自己对死者的哀悼和怀念之情。"担沁"是丧葬仪式中的关键人物。整个丧事活动都由这"白事"先生负责指挥。同时,"担沁"有什么事也要及时与死者家属和长辈们商量,共同完成安葬之事。②

"守灵"。尸体一般停放两天,第三天出殡(有大三天,小三天之说),在这期间设灵堂,亲朋好友及左邻右舍,尤其是老年人都要陪坐守灵。守灵时不能断人,夜间内外灯火通明。守灵的人们围坐一起,边说边聊,边吃边喝,缅怀死者的一生,大家不分男女老少,相互逗趣开玩笑,气氛相当活跃。死者的长子和其他儿女们每日给死者烧3～4次纸,以表孝敬之情。③

"戴孝"。如果长辈人,尤其是老年人去世,氏族或家族中五代以内的近亲都要戴孝3个月(过去是3年),近亲戴重孝,孝服用白布做成,腰系白布,胳膊戴黑纱,由年长的女性负责给死者的儿女戴孝。

"选择墓地"。鄂伦春族人选择墓地比较重视看风水。认为"树有

---

① 关小云、王再祥. 中国鄂伦春族. 银川:黄河出版传媒集团、宁夏人民出版社,2012:162、163.
② 关小云、王再祥. 中国鄂伦春族. 银川:黄河出版传媒集团、宁夏人民出版社,2012:162、163.
③ 关小云、王再祥. 中国鄂伦春族. 银川:黄河出版传媒集团、宁夏人民出版社,2012:162、163.

(灵堂)

(戴孝)

根,能生根发芽;水有源,潺流不息,人有子孙后代,永续不断"这种风水好。如果选择氏族或家族的公共墓地时,要由氏族或家族的长者带领氏族或家庭的部分人员到实地察看山形及河流的流向等,然后集体讨

（土葬）

论确定墓地。最后，派6～8人打坑挖穴。①

"入殓"。一切准备就绪，由"担沁"指挥，旁系亲属或其他人动手入殓。子女们一般不动手。尸体抬起时，可用毯子遮挡尸体，以免见阳光。把尸体装入棺材后，"担沁"对死者说："'库达'（鄂伦春语，意为亲家），我们要送你上西天，你千万要好好走，别吓唬我们，别给后代人留下灾难，你的一切我们都准备好了。金钱、衣服、酒肉、米面、小猎具等都给你准备好了，连同魔鬼打仗的家伙都有……"放完随葬品后，要把蒙在死者脸上的白布揭开，让所有亲属从旁边走时，看一眼死者的遗容。入殓一般是在早上进行，不能超过中午。入殓后马上出殡。②

"开光"。"担沁"给死者"开光"，主要开眼、耳、口、鼻光。所谓"开光"就是用酒擦拭一番，并念念有词，儿女们最后再看一眼遗容，棺木封盖后，众人抬起棺材，放在灵车上，哭声大恸。灵车缓缓地离开村子，死者的儿女及亲属都站在灵车棺材的两侧。其间，指定专人扔撒纸钱，即"买路钱"，灵车拐弯处还需多撒纸钱。灵车在最前面，其他车辆尾随其

---

① 关小云、王再祥. 中国鄂伦春族. 银川：宁夏人民出版社，2012：164.
② 关小云、王再祥. 中国鄂伦春族. 银川：宁夏人民出版社，2012：164.

（入殓）

后。棺材一旦抬起,就一直到达墓地,中途不准停留或落地。灵车进入墓地后,人们在"担沁"的指挥下,棺材入穴,死者的儿女们都跪在灵前,还在棺材或坟墓前摆上烟、酒、糖果、熟肉等祭品,然后烧纸。死者的子女及其晚辈、亲属都要下跪、磕头,平辈人则站在两旁。

"出殡"。出殡时大家都来帮忙。人们在"担沁"的指挥下出灵。"担沁"告慰死者:"你轻轻身子,好好走你的路,上西天的路上,千万注意,别让小鬼抢东西,不要惦记家人,不要舍不得离开,你放心大胆地走吧,一路上不要回头。希望能给子女留下无价之宝,让他们过幸福的日子。"[1]

"射开路箭"(或领路箭)。如死者是男性的话,就要举行射箭仪式。在墓穴埋葬时,看山的形状,一般有让死者"头枕高山、脚踩平川"的习俗。在埋葬前,"担沁"指定死者的女婿射箭,命射箭人先向西南射两箭(死者头枕方向),给死者"开路",意为给死者打通去阴间的路,打倒所

---

[1] 关小云、王再祥.中国鄂伦春族.银川:宁夏人民出版社,2012:164.

(开光)

(出殡)

有的鬼神和魔鬼,"担沁"又命射箭人往东南射一支箭(死者脚下方向),意为把福寿留给了后代。这时,人们蜂拥而上,去争抢这支箭,据说谁

（射开路箭）

抢到了这支箭谁就能永生幸福。射箭仪式结束，把弓和剩下的一支箭放在棺材上边或坟上，便开始埋葬。首先由死者的儿女们各培三锹土，然后大家动手埋葬。坟前，儿女们哭着烧纸、磕头、倒酒、敬烟，非常难过。①

"酬谢"。墓地周围有两三个人（死者的亲属）手中拿着烟和酒，分别给送葬的人们敬酒、敬烟或分糖块和饼干。大家毫不拒绝，因为他们认为这是死者赏给的好酒、好烟，吃了喝了就会得到死者灵魂的保佑。所以，人人都高兴地接受，希望得到平安和幸福。葬礼进行过程中，还指定专人手中拿着一些布和毛巾，给前来送葬的长辈、嘉宾和异姓人的手臂系上，以表达感激之情。葬礼结束之前，儿女们在坟前烧纸，还烧死者生前用过的东西，如被褥衣服等。他们认为烧了这些东西死者才能收到。最后，"担沁"把戴孝的白布脱下来，系活扣放在"死树"上或木墩上，而黑纱则继续戴在手臂上。②

百天脱孝

服孝期的规矩。过去，鄂伦春族人戴孝三年现为百天。如果长辈

---

① 关小云、王再祥. 中国鄂伦春族. 银川：宁夏人民出版社，2012：164.
② 关小云、王再祥. 中国鄂伦春族. 银川：宁夏人民出版社，2012：165.

（老萨满关扣尼葬礼上儿孙们为来宾致谢）

人尤其是老年人去世，氏族或家族中五代以内的近亲都要戴孝，白布条系腰上，手臂戴黑纱，在服孝期间不准理发，不准穿鲜艳的红衣服，不准参加娱乐活动，更不得打架骂人。

"准备祭品"。服孝期满，准备脱孝时，要提前通知亲朋好友和左邻右舍，并准备烧纸、烟酒、肉等祭品。

"墓地祭典"。届时，人们手中拎着事先准备好的东西，向墓地走去。到达墓地后，"担沁"盼咐大家捡干柴、点火、支锅架，篝火升起来了，人们围在篝火四周，面向坟前席地而坐。"担沁"给死者坟前摆供品，点烟敬酒。告诉亡灵前来的目的及什么人前来墓地。并说："'库达'（亲家），我们最后一次来送你，有什么办法呢？既然我们已经分别了，你就狠狠心走你的路吧，别留恋你的亲人，你缺少什么，我们都满足你。你见到死去的亲人了吗？你的儿女只求你不受罪，今天，我们就与你彻底分离，你走你的阴间路，千万别打扰我们活着的人……"戴孝的儿女及亲人们也一一给死者敬烟敬酒，诉说心里话。之后，大伙用烧纸为死者做元宝、纸船、纸马、纸衣服。意思是为死者准备了一切用品。

人们有说有笑地忙着煎肉粥。粥煎好了,首先给亡灵坟前端上一碗供着。然后,"担沁"给前来参加脱孝的人们一一敬酒。①

"脱孝"。酒足饭饱后,"担沁"让大伙给亡灵烧纸、磕头之后,"担沁"对死者亡灵说:"'库达'(鄂伦春语:亲家)儿女也尽到孝了,也孝敬了你老人家。他们长大成人了,也能自立了,你就放心地让孩子自己生活吧。孩子们的日子还很长呢,请你别想不开。你已经不属于我们了,这沉重悲痛的心情已经结束了。该让孩子们轻松、愉快地生活了吧"。说完,"担沁"让戴孝的人们按大小、男女排好队,然后,将戴孝者的孝带、黑纱取下来,脱下一个人的孝布黑纱,就用力推这个脱孝者的后背,让脱孝的人使劲往前跑。脱孝人按照"担沁"所指的方向跑一程,然后,再绕回到死者坟前。这样,"担沁"一一给脱孝人取下孝带和黑纱,依次推脱孝者跑一程。最后,把孝带、黑纱系在"枯树"上(没有生命的"死树"),这是意味着死者彻底走向阴间,永离人间。②

"分离、永别"。脱孝仪式结束后,"担沁"在林中挑选细长光滑的柳树条拿在手中,让脱孝者一一排好队,一个一个地抽打参加脱孝仪式的人。被抽了一鞭的人直接离开墓地往家去。不允许人们再回头看墓地,这是意味着与死者亡灵彻底分离。活着的人要化悲痛为力量,愉快地走向光明的世界。而死者则走向阴曹地府,决不允许打扰活着的人,并保佑他们平安幸福。脱孝仪式结束后,"担沁"最后一个离开墓地。鄂伦春族人认为,死者亡灵百天以后,就属于阴间了,已彻底离开人世间。③

在鄂伦春族人中,早已产生灵魂和肉体分离、灵魂不灭的观念。他们认为,人死后灵魂继续生活在另一个世界——阴间。同时,也认为死者的灵魂能作用于生者。因此,产生了崇拜和畏惧心理,以示对死者的崇拜与怀念。

周年祭

鄂伦春族人的丧葬仪式中,周年祭最为隆重。这种周年祭是一

---

① 关小云、王再祥. 中国鄂伦春族. 银川:宁夏人民出版社,2012:166—167.
② 关小云、王再祥. 中国鄂伦春族. 银川:宁夏人民出版社,2012:166—167.
③ 关小云、王再祥. 中国鄂伦春族. 银川:宁夏人民出版社,2012:166—167.

种古老的遗俗。过去老人死后,家属都要为其举行周年祭。如不举行,同氏族的人也不答应。所以,没有人敢违反这一古老的习俗。据史料记载:"尸殓恒周岁(人死后架于树上,恒迟至周岁,始买棺殓而葬之①。"俟三年后,取下另殓木箱中,置备酒肉,邀会亲友,始行发丧之礼"②。

祭日确定后,要通知亲友届时前来参加,亲友要带来烧酒、野兽肉和纸钱等,死者亲属要将这些物品逐一登记,然后供奉给死者。在举行周年祭之前,死者在"斜仁柱"中的铺位一直要按生前一样摆放。亲友来后,要给死者原铺位或供桌上敬烟,即把烟袋装上烟放在铺位上。举行周年祭时,在死者铺位上放一张小桌,将亲友送的礼物摆在桌上。来的亲友,要跪在桌前给死者磕头,死者家属要陪同一起磕头。家属和亲友带着大家送的礼物和死者的遗物,前来墓地。到墓地后,先打扫干净一块东西长约20米、南北宽约6米的空地,在空地上放一些木杆(头),把一长排木头点燃,大家在篝火两边围坐,妇女们再点一堆篝火,支上吊锅,锅里煮着野兽肉。做饭的都是亲友中的青年男女,他们是为死者家属帮忙的。亲友到齐后,大家围火而坐,男人在篝火的北面,女人在篝火的南面,老人挨近坟地,然后依辈分大小往下排;夜幕降临后,祭祀开始。同辈人站着,晚辈跪着,"担沁"首先宣读礼单,念到谁的名字,谁答"加"(是)。同辈的向死者鞠躬,晚辈的磕头。仪式结束后,死者家属中的男人开始给亲友敬酒,敬酒时要双腿跪下递过去,酒过一巡。在此之后,再喝一会儿酒,周年祭就结束了。这时,主人给前来参加周年祭的亲朋好友送一些烟、酒等,将剩下的野兽肉分给每位客人带回家享用。这也许就是早期"祥肉"的遗留。③

---

① 档案史料选编.黑龙江少数民族.哈尔滨:黑龙江省档案馆,黑龙江省民族研究所编,1985:132、130.
② 档案史料选编.黑龙江少数民族.哈尔滨:黑龙江省档案馆,黑龙江省民族研究所编,1985:132、130.
③ 关小云、王再祥.中国鄂伦春族.银川:宁夏人民出版社,2012:167.

第六章 节庆、节气、婚姻和丧葬

(周年祭)

第七章　禁忌、习惯法

禁忌

新中国成立前,鄂伦春族尚处于原始社会末期,因此,在他们的生产和生活中,有一些禁忌在一定程度上成为民约,约束人们的思想和行为,彼此相互遵守。这些禁忌大体可以分为三类。

生活禁忌

火是火神,烤肉和煮肉都不能用刀子捅火,禁止往篝火上洒水、扔脏物、吐痰,也不能用刀或铁器拨火,否则会触怒火神。禁止烧进火星的木材,这是既怕熄灭火神,又怕火星四溅酿成火灾。婴儿摇篮(悠车)里不能搁置马蹬、猎刀和猎斧这样的器物,否则婴儿会遭到不幸。晚辈不许直呼长辈的名字,也不能教小孩骂人,否则会倒霉不幸;不许轻视或欺负弱者;不许笑话或瞧不起他人。父母去世,兄弟几个人全部戴孝,如果只有一个人戴孝,就被认为戴孝的人不好,打不到猎物;戴孝期间不许剪头(理发),不许参加娱乐活动,不许和别人吵架斗殴;戴孝期间过年不给别人磕头,也不接受别人磕头。借钱借物一定要还,不能赖账。不能乱扔别人的帽子。不许用手指头乱指天上的彩虹和各神像、神偶,否则会冲犯神灵;大年初一不许睡懒觉,否则会破坏新一年的财运。过年不能摔坏东西,大年初五不走亲戚。做人做事讲信用。鄂伦春族人都笃信这些禁忌,乌鸦是哀鸟,走在路上听到乌鸦在头上叫,必出不幸之事,不是马匹死亡,就是人要出事故,因此行动要谨慎。参加吊丧,不能穿红色衣服。年三十那天,不许说不吉利的话,不能打架骂人。小孩不能踩门槛,否则会受穷,不长个头。叠被褥时,褥子不能放在被子上面,否则会有晦气、不吉利。不吃马肉和狗肉,因为马和狗是鄂伦春人的朋友。别人送一碗或一盆好吃的,一定要装上东西,不能让人家空盆或空碗回去,饭碗空着会受穷;有饭大家吃才有幸福。在别人家喝酒,禁忌打架骂人或醉酒尿裤子,会对人家不敬或不吉利。吃饭时,不能敲碗边,敲碗边会受穷。筷子不能戳在碗里,吃饭不能吧唧嘴,喝汤不能出声。用筷子不能大小头颠倒。夹菜要夹上面的不能抄底;筷子不能在盘子里上下翻腾。筷子不能去舔,用舔过的筷子去夹菜,会倒别人的胃口。吃完饭后筷子不能搁在碗上,因为这是饭还没吃完的表示。这些禁忌在鄂伦春族人的生活中长期遗留着。

狩猎禁忌

为了使狩猎能顺利进行,鄂伦春族人规定了种种禁忌。如猎人出猎和捕鱼前,不能作计划,不许说这次出猎或者捕鱼能打到多少野兽或捕多少鱼。说大话会触犯神灵,没有任何收获;出猎或者捕鱼的人路经"白那恰"(山神)处,必须下马敬酒敬烟并磕头,否则打不着猎物,而且还会不顺利;猎人在山上狩猎或者捕鱼时,无论吃饭或者喝酒,都要先敬山神"白那恰",喝酒时要用筷子或者手指蘸酒向上弹三下,表示先敬山神,这样山神才会赐予更多的猎物或者鱼。在打猎过程中,猎人之间不能吵闹和打架拌嘴,因为吵闹声会吓跑野兽,打架拌嘴就不能专心致志地打猎。不打正在交配中的野兽,认为它们正在做好事,只有这样才能使野兽得到繁殖。对熊不能直接称熊,要叫"阿玛哈"(鄂语意为大爷)、"额聂嘿"(鄂语意为大娘),集体餐食熊肉后,熊骨头不能乱扔,要悉数包起来风葬。吃剩的狍骨不能随地乱扔,必须全部扔进河里,否则让狗或者野兽吃了,对打猎不利;骡马不能驮熊皮,否则要流产。狩猎时不准把木棒横放在自己经常走动的路上,否则狩猎不顺利,只有顺着放才能顺利;钓鱼时不准往河水里撒尿或吐痰,否则会激怒河神,钓不着鱼。用狍哨引诱后打到的狍子,不能割断脖子,否则以后就引诱不来了。不打鸿雁,因为它总是雌雄在一起,如打死一只,另一只就会变为孤雁。

妇女禁忌

鄂伦春族人认为妇女月经不洁,因此,来月经期间不许参加萨满请神跳神仪式,也不许去办丧事的人家。孕妇不能去办丧事的人家,不能走抬过死人的路,否则对胎儿不利;孕妇不能讥笑他人或动物长相,否则对胎儿不利；孕妇不能睡或者坐在熊皮褥垫上，不能接触熊皮和熊身上的东西，否则要引起流产；孕妇不能在原居住的"斜仁柱"里分娩，而要远离住地另搭一个"斜仁柱"分娩；分娩前后的一段时间里，禁止男人们来访，因为"斜仁柱"内供着诸神，怕冲犯神灵。妇女不能跨越男人的衣帽，不能坐卧在长辈席位上，否则男人要倒霉；妇女不能到"斜仁柱"的后面，因为那里挂有神像；妇女不能骑驮神偶和神像的马，妇女不能乱摸萨满的神衣；孕妇不能吃獐子肉，铺獐子皮，绝对禁止接触獐子，猎到獐子后，要放在"斜仁柱"背后妇女不去的地方，否则妇女要流产，因为獐脐产的麝香，是大凉的药物。

萨满的衣服、被褥和用品，除妻子外，不许别的女人接触。禁止女人的衣服、鞋袜挂在男人的头顶上。孕妇不可笑话人，更不能欺负弱者，否则对婴儿不利。妇女不可跨越男人和孩子的身体或衣物，否则不吉利。儿媳要孝敬老人，善待家人，不可虐待老人。婆婆对儿媳不懂事、懒惰，可以批评教育，但不可打骂虐待。

这些禁忌大多是鄂伦春族人对生活经验的总结，以此规范和约束人们的行为。其目的是：趋吉避凶，祈求好运，享受幸福。这些禁忌，似乎有些不可思议，但实际上透露出人们对于平安、健康、美好生活的一种向往。禁忌也是一种文化载体，有些是民俗的体现，经验的总结，反映了鄂伦春人的精神寄托。时过境迁，有的禁忌已被淡化和遗忘。应该说这些禁忌并非毫无道理，甚至蕴含合理的思想内涵，而一些禁忌，既是教养，也是礼仪。

习惯法

鄂伦春族虽没有文字，也没有明文的法律条文，但在鄂伦春族社会中有一条不成文的习惯法。这个习惯法也叫"氏族法"。它如同法律一样在氏族内通行，约束人们的行为，维系着社会秩序，协调社会成员、家庭与家人之间的关系。这个族法规定的内容，也是约定俗成，存在于人们的心中,人们自觉地遵守。这个习惯法是人们立世、做事的依据和指南,作为一种公共道德被人们共同遵守。

在家庭中,儿子在族内经常惹是生非,当父母处罚儿子的时候,任何人不能说情,只有舅舅出面说话,才能得以宽恕。因为,在长辈中,舅舅的权威是至高无上的。在氏族内犯错误的人,一般都是先进行说服教育,如经教育仍不悔改时,才用"鞭刑"(用柳树条抽打)惩罚。

平时打架或酗酒斗殴者,理亏的一方重处,另一方轻处,一般是抽打20至60鞭。在族内违反族规者,如不听老人规劝,要被痛打至悔改为止。

在社会大家庭中,要互相帮助,互相爱护。有饭大家吃,有衣大家穿。有福同享,有难同当。如果自私自利、不顾他人者,便会遭到大家的谴责。人们反对自私,讲究互敬互爱。在分配猎品时,想到别人而不是自己。打的猎物,皮张平均分配。对于鳏寡孤独之人和丧失劳动能力的人,全氏族都有进行照顾抚养的义务。在分配猎物的时候,氏族的首领或狩猎组的组长都把最次的一份留给自己,而把好的分给其他人。

在习惯法中规定,同一氏族之间的男女禁止有不正当的性关系,如果有则视为乱伦,要受到严厉的惩罚,甚至被绞死。在婚姻关系上:如果男方一时没有交够彩礼便娶了姑娘,待备齐时再补交给女方家。如有(主要是马)不交者,女方的兄弟可把马拉走,族内是允许的。夫妻间纠纷,如责任在男方,则打男的;在女方则打女的。有些妇女,因从小由父母包办婚姻,和丈夫感情不和,不愿在婆家时,也往往被打。如丈夫虐待妻子,娘家可以把女儿要回,氏族内严禁通婚通奸,违禁者,受惩罚。

故意杀人者,原则以命抵命。但双方如有亲戚关系,经双方"木昆达"调解(或官方同意后),可用马匹偿命或者被害人的双亲由犯人或其家属抚养到死为止。若被害人家有小孩,可把小孩抚养至成人为止。误杀人者,一般不抵命,但赔偿马1—2匹。还得由杀人者出死者的丧葬费用。

鄂伦春族严禁偷拿别人家的东西,大家视偷盗为可耻。如果有偷盗的行为,不仅受到社会舆论的谴责,还要以违反习惯法而受到处罚。

如偷盗者偷了马匹,如被抓住,一般不处以重罚,只是把马追回后,对当事人进行教育了事;假如把马盗卖了,也要追回卖马钱。如果自己家里有马匹还偷别人的马,定要严惩,态度不好,还要加重处罚。

对不孝敬父母或虐待父母的人,先以批评教育,对屡教不改的要以"鞭刑"处罚。

在平时生活中,个别人做些坏事,一般先由家长及氏族中有威望的老人进行批评教育,帮助改正错误。而屡教不改终酿大错者,处以鞭刑或开除族籍。

借了别人的债务,到期不还者,有能力却不愿意偿还者,债权人可以拉走欠债者的马匹。赖账的人被人瞧不起,常受到社会舆论的谴责。

鄂伦春族就是靠这些习惯法和社会道德,管理社会生活,调整和维护社会与家庭,个人与成员之间的关系,把氏族内管理得有序稳定,促进和规范人们的行为,从而有约束感和敬畏感。以免犯错走弯路。

对死后的看法

过去,在鄂伦春族社会中不仅有伦理道德,行为规范和各种习惯法,用来指导和约束人们的思想和行为。而对于人们死亡之后,还有许多说法,看似有迷信色彩,但从另一个侧面,反映出人们惩恶扬善,行善积德,因果报应的理念。强调一个人在世时,要多做好事,好人有好报;恶人有恶报,做过好事的人,就是死后到阴间"布尼"那里,也会马上能够重生;而前生做坏事的人,再托生时就会变成牛、马或入地狱。这和佛教"往生去极乐世界""因果报应"有相似之处。

鄂伦春人产生灵魂和肉体分离,而灵魂不灭的观念。他们认为人死后要到"阎门槛"(阎王爷)那里去。阎王爷居住的地方叫"布尼",那里生死簿子记录着每个人活着时做的好坏事。或者做的好事多,死后马上就能托生,并能做官发财;一般的人要经过一定时期可托生为普通的人;前生做坏事的人,再托生就变成牛、马或狗等动物;前生做坏事最多的人,要让他入无底的地狱。①

---

① 内蒙古自治区编辑组,《中国少数民族社会历史调查资料丛刊》修订编辑委员会. 鄂伦春族社会历史调查(一). 北京:民族出版社,2009:51.

阴间有各种刑罚,对有不同罪过的人,施以不同的刑法。

"在阳间虐待父母的,如对父母吹胡子瞪眼睛,到阴间后,阎门槛就要把他的眼睛用钩子吊起来。不听父母话的把耳朵吊起来。打父母的把手钉起来。在阳间的债务者,到阴间后阎门槛仍要其还债。债主托生人时,就让欠债者托生为牛马到债权者家干活来还债。夫妻俩,如果死后,夫再娶女人,等他死后,两个女人就会争一个男人,阎门槛就把男人劈成两半,让两个妻各分一半。如果一个女人找两个丈夫,死后同样被两个男人各分一半。妇女在阳间倒脏水多,撒粮食多,到阴间阎门槛就会让她将脏水一口一口喝净,把粮食一粒一粒地捡净。因此,在母亲死后,儿女要为她杀只鸡或扎纸牛带去,让它们帮助喝净脏水,吃净米粒。人在阳间不能到河里小便,否则到阴间,阎门槛会让他把水和尿分开。因此,人要在干地上小便"。①

关于人死后的种种惩罚之说,在许多萨满故事中都有说法。在《万能的萨满——"恩都利"萨满》②中,讲一个神通广大,具有非凡神力的女萨满真名叫"那电片郭"。她去阴曹地府去挽回色勒古叠片郭,一个小男孩的灵魂,在返回的路上,看到惨不忍睹的情景,那些曾在阳间时做过坏事的人正在受惩罚;如在阳间净说别人坏话,损人不利己的;在人世时,淘气不听话的;破坏他人夫妻生活,养过私生子的,在世上时浪费粮食,乱扔吃的等,都在阴间受着各种煎熬和处罚。最后有一位老太婆(负责人生,曾接过这位女萨满灵魂,送往阴间的老人)嘱咐这位女萨满说:"你回去以后,把在这里所见到的都清楚地告诉阳间,让他们学好,免得到阴间受罚"。③ 萨满的这个故事世代相传,鄂伦春人相信这种因果报应,善有善报、恶有恶报,每个人到阴界的时候都要受到严厉的审查,在阳间做了不善的事情,到阴间就必定遭受严厉制裁。因此,人们都尽量避免去干那些危害他人的事,害人等于害己,坏人等于坏

---

① 内蒙古自治区编辑组,《中国少数民族社会历史调查资料丛刊》修订编辑委员会.鄂伦春族社会历史调查(一).北京:民族出版社,2009:52.
② 内蒙古少数民族社会历史调查组编.黑龙江省呼玛县十八站鄂伦春民族乡情况——鄂伦春族调查材料之四,1995:190.
③ 内蒙古少数民族社会历史调查组编.黑龙江省呼玛县十八站鄂伦春民族乡情况——鄂伦春族调查材料之四,1995:190.

己。只要平时多为社会,为他人做善事,才能得到善终。这就是"行善积德""德福德寿"的观念。

鄂伦春族淳朴的道德风尚、古老的宗教信仰,这些原生态文化粗犷中融合和谐,质朴中透着浪漫,构成了民族文化的一部重要篇章,是民族文化遗产中的"活化石"。

第八章 民间风俗传说

鄂伦春族民间风俗传说丰富多彩，有风俗习惯禁忌的来历，有历史族源，有狩猎、饮食等方面习俗，从多种角度反映了鄂伦春人的历史和社会文化生活，鄂伦春族的民间风俗传说，具有浓郁的民族特色。

习惯的来历

狍皮大哈和狍头帽的习俗：

传说古时候，毛考代汗的祖先柯尔特依尔汗以前，冬天上山打猎穿的是毛朝里的狍皮大哈。一次"塔坦达"（猎长）叫他快起来穿上衣服去参加堵围，柯尔特依尔汗慌忙之中，把狍皮大哈穿反了，变成了毛朝外，而且把一个带角的狍头皮当成帽子套在头上就跑去堵截野兽去了。"塔坦达"从后头往前撵狍子，一群狍子跑跑停停看到柯尔特依尔汗的这身装束，以为是同类，竟跑来同他亲昵。柯尔特依尔汗这天因为无意间穿反了衣服戴错了帽子，竟多打了不少猎物。从此以后，"塔坦达"便令乌力愣的猎民都学着柯尔特依尔汗那样装扮穿起来。① 于是，鄂伦春人身穿翻毛狍皮大哈，头戴"灰塔哈"（狍头帽）脚穿"奇哈密"（狍腿皮做的鞋子）的穿戴一直流传到后世，成为鄂伦春族独特的毛皮服饰，是兽皮文化中的精品，风格独树一帜。

"南绰罗"花习俗的来历：

据传说：古时候某部落生活着一对相亲相爱的青年男女，姑娘叫阿尔丹乌娜吉，情人叫阿雅汗。阿雅汗这天要出远门，阿尔丹就给小伙子做了一只烟盒包，上面绣了一朵"南绰罗"花。她在绣花的同时，也把

---

① 许昌翰、隋书今、庞玉田.鄂伦春族文学.哈尔滨：北方文艺出版社，1993：109—110.

自己的心绣进了花里,好陪伴着心上人寸步不离。姑娘把烟盒包送给了小伙子,让他佩戴在身上,让他睹物如见人,如同姑娘永远在他身边。从此以后这个部落的姑娘纷纷仿效阿尔丹乌娜吉的做法,绣"南绰罗"花赠送情人成了一种风靡的习俗。[①] 小伙子把这样的爱情信物佩戴在身边,除了免除狩猎远行期间的孤寂之感外,还有向他人炫耀自己的幸福。"南绰罗"花象征着年轻人之间的爱情,姑娘给心上人绣烟盒包,男子的心就不会孤寂。

吃手把肉的习俗:

远古时候有个头人叫达古汉,一次他在迁徙中歇息时发现一块大石头上有个如锅形容器的大坑。他将这坑里添满水,又将烧红的石块扔进水里,反复数十次后,坑里的水就沸腾了。他用这水煮肉,肉很快就熟了,肉香四溢,又嫩又鲜,蘸着咸野韭菜花吃更是可口,从此以后便留下了这种把肉放进水中烀熟了吃的办法,宴客时煮"手把肉"待客[②],成为一种美食。

生吃狍肝的习俗:

鄂伦春猎人生吃狍肝的习俗,传说是从魏拉依尔族的祖先流传下来的。"魏拉依尔(魏氏)族的祖先视力原来不佳,给狩猎带来极大的不便。人们都嘲笑他眼瞎。后来,他每次打到一只狍子,就生吃狍肝。吃完生狍肝后,就发现自己的眼睛发亮,看什么东西都特别清楚。这样连吃几个月生狍肝后,他的眼睛就全好了,远处的野兽再也逃不脱他那锐利的双眼。于是,他叫族内所有的猎人都来试试。大家一试,果然对增进猎手们的视力大有好处。这个方法便在猎民中传开,一直流传至今,成为一种习俗"。[③]

柳蒿芽美食的来历:

山野菜柳蒿芽,鄂语称"昆必"。是鄂伦春族喜欢吃的野菜。相传古时候,有一对情人相爱至笃,遭到双方父母的反对,硬要拆散他们的姻缘。两个情人悲痛欲绝,到山坡殉情了。死后面朝地被人埋葬,过了

[①] 许昌翰、隋书今、庞玉田. 鄂伦春族文学. 哈尔滨: 北方文艺出版社, 1993: 109—110.
[②] 许昌翰、隋书今、庞玉田. 鄂伦春族文学. 哈尔滨: 北方文艺出版社, 1993: 108—109.
[③] 许昌翰、隋书今、庞玉田. 鄂伦春族文学. 哈尔滨: 北方文艺出版社, 1993: 108—109.

几年坡上长出了许多嫩芽,这就是柳蒿芽。里头有一般苦涩的味道,使人想起他们不幸的婚姻。①

"老考太"的习俗:

鄂伦春人举行婚礼时,新婚夫妇二人入洞房那天晚上要同吃一碗"老考太"饭。这种"老考太"是一种用稷子米煮成的粘米饭或黄米粘饭,里面要放野猪油和糖,食用时二人共用一双筷子,一替一口地将这碗饭吃掉。据说这一婚俗,从孟沙雅拉汗和魏依尔嘎结婚时传下来了。② 这个习俗,表示夫妻同甘共苦,恩爱一生,永结同心。

猴头蘑的来历:

猴头蘑形似猴子头,新鲜时白色,干后淡黄色或黄褐色。营养价值极高,风味独具一格,是鄂伦春人最喜爱的山珍。

关于猴头蘑的来历,还流传着美丽的传说。远古的时候,大兴安岭有个部落遭到狼群的侵害,许多老人、妇女和孩子被狼吃掉。一个猎人叫孟丁布善,打猎回来后,发现父母已被狼群所害。他发誓要为父母和族人们报仇。一次,他看见恶狼追赶一个姑娘,便射死了恶狼,救下了姑娘。姑娘非常感激想要嫁给他。猎人要把恶狼消灭掉,为族人报仇,好让族人平安幸福地生活。他俩约定先杀尽恶狼,再成婚。猎手走后很久没有音讯。姑娘日夜想念,坐卧不安。于是,她只身在深山里寻找孟丁布善。走了很久,粮肉皆尽,快要饿昏了。山神"白那恰"告诉她,只要找到猴头蘑吃就能找到心爱的人。姑娘在森林中果然找到洁白的猴头蘑。她美美地吃了一顿,浑身有了力气,不多久,终于找到了猎人。此时,猎人已将恶狼杀尽,为鄂伦春人报了仇。两人相见格外高兴。他俩搭了斜仁柱,拢起一堆篝火,向火神奶奶磕了三个头。婚礼就算完成。夫妻俩恩恩爱爱生活一辈子。有一天,他俩分别背靠两株柞树,面对面地坐在树下歇息,女的对丈夫说:"等咱俩死后变成一对猴头蘑吧!"丈夫点点头。不久双双死去。后来,这种猴头蘑果然成对生长,彼此相亲相近,不离不弃,守望相助。

---

① 许昌翰、隋书今、庞玉田. 鄂伦春族文学. 哈尔滨:北方文艺出版社,1993:108—109.
② 许昌翰、隋书今、庞玉田. 鄂伦春族文学. 哈尔滨:北方文艺出版社,1993:108—109.

猴头磨(菌)以它味道鲜美,清香可口,食用菌的珍品被人们所喜爱,而且有独特的药用价值,可治消化不良、胃病、神经衰弱及抗癌,提高细胞免疫功能备受关注。

插桦枝条祭祀的习俗:

在大兴安岭鄂尔克奇北三十里有一座高高的山岭,岭上长满白桦。传说这座白桦林原是坐落在此地的密密麻麻的箭杆变的。原来很早以前,这里却是一座秃山岭,岭南岭北都是好猎场。岭南住的是金鄂部落,岭北住的是银鄂部落。他们为了争夺马匹和猎场,发生了争斗和仇杀。一次双方隔着这座秃山岭厮杀起来,箭飞如雨、杀声震天。这时,山神"白那恰"路过此地,看到这种情景,心想不能让他们自相残杀,于是请来雷神、雨神,降下倾盆大雨。厮杀的双方只好收兵。第二天雨过天晴,两个部落的人马又集结在岭南岭北,想要决个胜负。不料往岭上一看,一夜之间,那里竟长成茂密的白桦林。这时山神向他们晓谕:"同是亲兄弟,何必相摧残!"两部落的人听到神的声音,不由警然,悟出原来是山神"白那恰"把相互仇杀的箭杆变成了可爱的白桦林。化干戈为玉帛,两个部落和睦相处,原来的荒山秃岭成了白桦林。[①] 大兴安岭的深林中到处都是白桦树。白桦树是山神"白那恰"的恩赐。它象征着洁白如玉,氏族和睦相处的愿望。大兴安岭的鄂伦春人,在祭祀"白那恰"或祖先时,人们往往砍下桦树(或柳树)条插在祭祀场地周围。据说这种习俗沿袭于大兴安岭地区鲜卑族祭祀时的习俗。

多神崇拜的习俗:

鄂伦春萨满教是以"万物有灵"为核心信仰的多神崇拜。在驱邪避凶本能中产生了畏与敬的思想意识。万物是天所生,万物赖地以长,天之灵在天上,树之灵在树中,山水之灵在山水之间。如上至天上的太阳神、月亮神、北斗七星神、恩都利(天神)、雷神、龙神……,下到山神、火神、鹿神、河神……,以及祖先神"阿娇懦"、财神"吉雅其"、"阿尼然布堪"等等,它们构成了丰富多彩的与鄂伦春民族生产和生活息息相关的

---

① 许昌翰、隋书今、庞玉田.鄂伦春族文学.哈尔滨:北方文艺出版社,1993:99—100.

"神灵世界",①这就是鄂伦春人多神崇拜的理念。

民间传说

口弦琴"朋奴贺"的传说

传说一:大兴安岭中有一对年轻的夫妇,住在深山里,打猎捕鱼、采集野菜野果,小日子过得很好。有一年,皇上召鄂伦春年轻猎手去当兵,到很远的地方去打仗。年轻的妻子恋恋不舍,送了一程又一程,一直到看不见丈夫的影子才回家。妻子想念丈夫,天天想、日日盼,想了一年又一年。三年了,也不见丈夫回来。心里非常难过,她动手做个口弦琴,一边流泪一边弹,弹出悲痛的声音,自己安慰自己,保佑丈夫早日归来。

传说二:传说有一家好几口人,因流行病,一家人都不幸去世,只剩一个男人。这男人悲痛欲绝,天天流泪和发愁。他做个口弦琴,弹出微弱和悲哀的调子,怀念死去的家人。

鄂伦春地区有了铁以后,人们用薄铁片做口弦琴,用一只手把它横放在嘴唇中间,用另一只手轻轻弹弦,就弹出很好听的声音。青年男女互弹口弦琴,以表达爱慕之心。因此,口弦琴成为民间乐器之一。

恩都利创造了鄂伦春人②

传说一:开天辟地以后,鄂伦春的地方原本没有人,只有飞禽走兽。天神恩都利有化万物生灵的本领。就用飞禽走兽的骨头、肉和上泥土,做了十个男人和十个女人。恩都利教会鄂伦春人怎样打猎,怎样捉住野兽,怎样吃肉,并教会用兽皮披在身上当衣服;又教鄂伦春人怎样用火,立下篝火为家的规矩。从此,鄂伦春人一代传一代,在山里打猎、吃兽肉、穿兽皮,过着游猎的生活。

---

① 王为华.鄂伦春原生态文化研究.哈尔滨:黑龙江人民出版社,2009:106.
② 隋书金.鄂伦春族民间故事选.上海:上海文艺出版社,1998:1.

传说二：在《人为什么会死》中说：恩都利（力）先用石头刻成人，给了他们以生命。然而这样的人过于坚固，他们只是繁殖后代，却永远不会死去，搞得地上人满为患。于是，恩都利又把石人全部弄死，改用泥捏的人代替。这些泥捏的人同石人一样，生儿育女，什么事都能干，只是不如石头人结实，因此活到百岁就会死去。再有就是脸总是洗不干净，洗完了还有土。①

九大姓氏的由来

《九姓人的来历》②中说："有一年山火成灾，烧焦了树木，野兽绝了迹，人也被烧死了一大半。山火即将熄灭时，山洪暴发了，大水淹没了所有的山坡和平地。地上只剩下一男一女，他俩被狂涛冲到一座小山上，什么吃的也没有，他们吃着蘑菇生活着。后来，两人结成了夫妻，在山里过游猎生活。多年后，他们一共生了九个儿子和九个姑娘，这些孩子慢慢都长大了，长到成人的年龄了，不是兄妹俩一伙出去打猎，就是姐弟俩一起去打猎，时间久了，就结成了夫妻。后来，老大、老二、老三和老四，这四对留在库玛尔千（浅）；老五、老六这两对就上托河千和多布库尔千（浅）；老七、老八、老九这三对就到毕拉尔千（浅）去。他们的父母根据孩子们住的地方立了姓氏。老大、老二、老三、老四就玛拉依尔（孟）、葛瓦依尔（葛）、魏拉依尔（魏）、古拉依尔（关）；老五和老六就姓柯尔特依尔（何）和白依尔（白）；老七、老八、老九三对，就姓莫拉呼尔（莫）、杜能肯（杜）和伍查尔坎（吴）。这就是鄂伦春人古代九大姓的来历"。

五大姓氏和风葬的由来

《五姓兄弟的传说》③一场大水淹死了许多人，只剩下一个大姑娘和一个小小子存活下来。他们采来蘑菇吃，搭起斜仁柱，在山林里生活。寒来暑往，日久天长，小小子长大了，便和姑娘结成夫妻，没过几年他们生了5个儿子。一晃好多年了，儿子们也长大成人了。可孩子们的母亲去世了。有一天，5个儿子缠住父亲，非让他起个名字不可。他

---

① 徐昌翰、隋书金、庞玉田. 鄂伦春族文学. 哈尔滨：北方文艺出版社，1993：47.
② 隋书金. 鄂伦春族民间故事选. 上海：上海文艺出版社，1998.
③ 隋书金. 鄂伦春族民间故事选. 上海：上海文艺出版社，1998.

父亲想,老伴不在了,和谁商量呢?还是自己拿主意吧。他对孩子们说:"你们五个都是男子汉,要是起个花花草草的名字,我不喜欢。从今开始,你们五个都办一件好事,三天后回来见我,那时,我再给你们起个好听的名字"。

三天后,5个小伙子一齐来到父亲跟前。老大拿出五张弓箭,放在父亲面前。父亲细细查看,弓箭是用红木头做成,十分精巧,箭尾还缀着天鹅的羽毛,特别漂亮。父亲非常满意,给大儿子起个名字叫"魏拉依嫩",意思是红木头。从此,老大就姓魏了。老二扛来一只狍子,放在父亲面前,父亲看是一只又肥又大的公狍子,心里很高兴。就给老二起个名字叫"古兰",意思是公狍子。从此,老二就姓关了。老三拿出一顶帽子,双手捧给父亲。这是一顶用狍头皮缝制成的帽子,与真狍子没有什么区别,戴在头上十分舒服,"好、真好"连声称赞。于是给老三起个名字叫"戈坎",意思是真聪明、非常好。从此,老三就姓葛了。老四把打来的狍子放在地上,抽出猎刀"唰、唰、唰"把肉切成六块,先把狍头献给父亲,四条腿分给四个弟兄,最后把没有什么肉的狍腔子就给自己。父亲很高兴,"你没有私心,真公道啊!",就给老四起个名字叫"吴恰它堪",意思是没有私心,办事公平。从此,老四就姓吴了。老五把三天中打来的猎物堆放在一起,有狍子、野猪、飞龙、香鼠等。没等父亲开口,四个哥哥齐声称赞:"莫日根、莫日根",是打猎能手的意思。父亲说:"好,就叫莫日根吧"。从此,老五就姓莫了。这就是姓名由来的传说。五个小伙子都有了自己的姓名,与父亲一起快乐地生活、打猎捕鱼。父亲年事已高,几年后,满意地闭上眼睛。这魏、关、吴、葛(戈)、莫五姓兄弟不忍心把老人的尸体放在地上让野兽糟蹋祸害,就把老人装进棺材,放在高高的树上,进行风葬,这是鄂伦春风葬的传说。

崇拜山神"白那恰"的由来[①]

鄂伦春人的祖先就生活在内外大、小兴安岭上。有一年,山里窜进一群魔鬼,说鄂伦春人打猎的地方是他们的乐园,扬言要吃光大、小兴安岭里的鄂伦春人。

---

① 隋书金.鄂伦春族民间故事选.上海:上海文艺出版社,1988:373.

部落里有一位年迈的鄂伦春老爷爷叫莫日根,他领着大伙与魔鬼搏斗,但抵挡不住大群的魔鬼,部落里的人们快要被魔鬼吃光了。这时,从天上下来一位白胡子老人,他对莫日根老爷爷说:"你要打魔鬼,不能赤手空拳,要制造弓箭,用弓箭射魔鬼!"莫日根老爷爷听从他的话,领着全部落的人,制造了无数的弓箭,向魔鬼们射击,打败了魔鬼。

白胡子老人又从天上下来,对莫日根老爷爷说:"你们就住在大、小兴安岭吧,你们有了弓箭,用它射野猪、黑熊、犴、狍子、飞龙等,可以吃兽肉,穿兽皮,可以在大森林里生存下来,你们要保护好自己的地方!"。莫日根老爷爷把这件事告诉了众人,大家住进了山林,有了自己的家园。大家在森林里骑着烈马,带上弓箭,一起出猎。吃兽肉、穿兽皮,住上简易方便的"斜仁柱",过着游猎的生活。

鄂伦春人非常感恩那位指点和保护他们的白胡子老人,把它奉为山神"白那恰",把"白那恰"山神看做是赐给鄂伦春人勇敢智慧的神灵。所以,鄂伦春人至今都崇拜山神"白那恰"。

第九章　民俗文化旅游

随着国家对文化和旅游及非物质文化遗产工作的不断深入,文化旅游、"文旅融合"已经逐渐成为国民经济发展的新的增长点。各地鄂伦春乡村均建有特色村寨,与名镇(乡)、名村,乡村振兴等发展战略彼此互融,开启了民族文化旅游新时代。通过民族文化旅游、鄂伦春人不断地满足自身对美好生活的追求,民俗文化与民族旅游结合起来,共同打造鄂伦春民族地区的文化品牌。

十八站鄂伦春民族风情园

十八站鄂伦春民族风情园,位于黑龙江省大兴安岭地区塔河县十八站鄂伦春民族乡鄂族新村,于2018年开始建设,园区总占地面积约6万平方米。十八站鄂伦春民族风情园致力于打造少数民族特色村寨,叫响"中国第一鄂乡"品牌,开发建设集休闲、娱乐、会议、演艺、居住和自驾于一体的旅游文化产业园,是极富现代气息和鄂伦春民族特色的新园区。

(塔河县十八站鄂伦春风情园)

园区现有斜仁柱造型住房 10 处,集餐饮、住宿、娱乐于一体,为旅客提供丰富旅游体验。现有风情旅游木屋 3 栋,室内配备整体浴房、办公桌椅等。射箭场采用木质结构建设,内配有 8 个可移动靶位和 8 个固定靶位,可供游客体验及举办赛事。在鄂伦春民族手工艺作坊,游客可以亲自制作鄂伦春民族独有的桦树手工艺品,体验鄂伦春民族传统的手工艺的魅力。鄂伦春民俗馆设有 8 个不同主题展厅,多角度、立体化为游客展示鄂伦春民族文化全貌。鄂伦春民族旅游接待中心,在提供旅游服务的同时,配备民族广场和屏幕及配套的高端音响设备,可接待婚庆、会议、团体活动等,在传承和弘扬鄂伦春民族文化过程中,进一步塑造民族特色旅游品牌,辐射带动周边群众增收致富,实现社会效益和经济效益双赢。

十八站鄂伦春民俗馆

十八站鄂伦春民俗馆位于十八站鄂族新村,于 2012 年 6 月由塔河县人民政府建设落地。本馆以鄂伦春民族的起源及历史演变为主线,

(塔河县十八站鄂伦春民俗馆)

以"大岭猎神"为设计主题形象,以鄂伦春人的民族风采为背景。通过文字叙述、遗存展示、形象塑造、场景再现等手段,分设八大主题单元,突出展现鄂伦春民族古朴简约的民风民俗、绚丽多彩的民族文化,神秘幽远的宗教信仰和百折不挠的民族精神,传承和弘扬鄂伦春民族文化,展示珍贵的非物质文化遗产,丰富大兴安岭的文化主体和边疆文化长廊,搭建参观、考察、观摩、研学的有效平台。

十八站"萨满圣山"(萨吉满圣山)

萨满圣山,位于十八站林业局辖区内。是十八站林业局开发建设鄂伦春民俗文化的重要承载地和展示地,也是十八站林业局未来旅游发展的核心景区之一。"萨满圣山"景区以打造鄂伦春民俗文化为主,景区内建有高18.8米的萨满神像,是迄今为止国内最大的萨满神像。神像前有一日月型广场,在广场周围建设9根代表鄂伦春民俗文化的图腾柱。圣山左侧有斜仁柱(撮罗子)帐篷宿营地可以休憩。圣山右侧建有木栈道直通山顶。"九曲通圣"求财、拜神、保平安,"北斗七星路"极具神秘色彩。

(十八站萨吉满圣山)

"萨吉满圣山"景区位于黑洛公路也就是 S209 省道 390 公里附近，旅游交通非常便捷，区位优势异常明显。是自驾游客最佳的中间休憩节点，当您驾车行驶到黑洛公路 390 公里附近时，再向南行近 10 多公里停车，然后徒步穿越 700 米长幽静的白桦林，就到达了圣山景区。

　　鄂伦春民族敬畏、尊重自然万物，将自然界万物奉为神圣。"萨满圣山"文化旅游项目将以萨满文化为核心，打造萨满圣山祈福、观光、探秘为一体的综合发展区，依托圣山片区优质的山水生态资源，以森林生态观光康养为基础，以探秘大兴安岭为背景，以全景式鄂伦春文化检验为核心。

　　"萨吉满圣山"于 2016 年建成并投入使用，并在每年 6 月 21 日举办鄂伦春文化节和篝火节。

（萨吉满圣山篝火节）

岭上人博物馆

　　该博物馆位于黑河市爱辉区新生鄂伦春族乡。始建于 1983 年，是黑龙江省博物馆在爱辉区设立的分馆，也是黑龙江省博物馆在乡镇级设立的唯一分馆。馆内所展示的是鄂伦春族从原始文化逐渐走向现代文明的过渡史，也是鄂伦春人征服自然、战胜自然、改造自然的历史，更是与各族人民一起走向富足生活的历史。展厅有四个展示，一厅是介绍鄂伦春人的族源；二厅是展示鄂伦春人吃、住、行及生活用品的文化；

三厅介绍鄂伦春族的萨满文化、节日文化；四厅是实物及图片，通过实物及图片介绍鄂伦春族在政治、经济、文化教育、社会事业取得的成绩和发展变化。2006年，岭上人博物馆被列为黑河市市级爱国主义教育基地；2011年确定为国家级民族团结教育基地；2015年被列为省级爱国主义教育基地。

爱辉区新生乡——岭上人博物馆

白银纳乡民族特色村寨

白银纳鄂伦春族乡隶属于呼玛县，位于呼玛县北部105公里处，是呼玛县北大门。乡域面积4.36平方公里。白银纳系鄂伦春语"富裕"之意。2013年，为庆祝鄂伦春族下山定居60周年而新建。

(呼玛县白银纳鄂伦春族乡鄂族村)

白银纳乡民族特色村寨占地面积8000平方米,有两大主体板块:鄂伦春族非遗文化旅游产业区和鄂伦春族民俗文化展馆。村寨建有6个传统工艺作坊(传统桦树皮加工、传统兽皮工艺);2处手工作坊,新建萨满服饰(非遗萨满舞)工艺作坊以及打造小型白酒传统酿造工艺作坊和白银纳鄂伦春族新村吉雅希民族广场,还有露天舞台并随时举办各类文化活动。为方便游客观光旅游,新建了"沃勒恩家",寓意"财源广进、源源不断"之意。白银纳乡还加大民俗的基础设施建设,在饮食上予以开发,通过饮食文化"一顿饭"中了解鄂伦春文化。同时,开展各类活动,体验民俗民风,骑马射箭,林间穿越、户外拓展、自驾宿营等,打造白银纳鄂伦春旅游的一个亮点。

鄂伦春民俗文化展馆

该馆在白银纳乡白银纳村北侧,G331国道南侧。2019年建成,民俗文化展馆以场景布展、主体雕刻、实物、图片等,充分展示出鄂伦春族文化的渊源,历史变迁以及文化意境,是对鄂伦春族文化与现代文化的多元素融合。萨满小院打造一个全国鄂伦春最全的萨满服饰展厅,包括各个流域(呼玛河、阿里河、逊河、沾河等),展馆室外有传统酿酒作坊,里面陈列着鄂伦春一些历史文化和风俗图片。白银纳乡民族特色村寨和民俗文化展,力争打响本地文化特色,区域特色,以产业园为支点,撬动当地民间艺术团、非遗文化和民族手工艺品,提升白银纳乡鄂

第九章　民俗文化旅游

（呼玛县白银纳乡——鄂伦春民俗文化展馆）

伦春非遗文化的知名度，打造白银纳乡旅游的核心点，以文化旅游带动白银纳乡的旅游业全面提升。

拓跋鲜卑民族文化园

　　该文化园主要景区嘎仙洞，位于内蒙古呼伦贝尔市阿里河镇鄂伦春自治旗西北10公里处，于1998年被国务院批准为国家重点文物保护单位。洞内西北侧石壁上有北魏皇帝拓跋焘派大臣李敞等人祭祖时刻下的祝文，祝文与《魏书·礼志》记载内容基本吻合，距今已有1568年的历史。石刻祝文的发现结束了长期以来史学界对于拓跋鲜卑的发源地之争，以不容置疑的实物史料证实了大兴安岭一带自古以来就是中国的领土，这无论是对研究鲜卑史乃至中国古代北方民族的诸多问题，还是研究中国疆域史，均有不可低估的学术价值和政治

(嘎仙洞及嘎仙洞内碑文)

意义,中外专家学者们一致认为嘎仙洞石刻祝文的发现,绝不亚于秦兵马俑。

库图尔其广场

库图尔其广场始建于 2006 年 7 月,占地 15.36 万平方米,是阿里河鄂伦春自治旗旅游景点链中的核心环节(库图尔其是鄂伦春语,意为"有福气、吉祥的地方")。广场由东门牌楼、图腾柱、阿尼尔神像、浮雕墙四个部门组成。建有 5 座鄂伦春民族"仙人柱"式浮雕墙及 9 个雕有蛇神、河神、鹰神等图案的图腾柱,整个场地从空中鸟瞰,是鄂伦春民族桦树皮盒盖的图案;夜晚在灯光效果下整个场地恰似七色彩虹托起的一团篝火。广场创意和构思建设生动形象地展现了鄂伦春民族原始宗

(库图尔其广场)

教信仰和桦皮文化、狩猎文化，是鄂伦春民族标志性建筑工程，也被作为鄂伦春自治旗永久性篝火节活动场地。场地西南侧矗立着团结抗战胜利纪念碑，这是为纪念鄂伦春民族英雄盖山，义尔格程，抗联将士王明贵、陈雷等十一位英雄而树立的丰碑，是鄂伦春自治旗革命传统教育基地，供游人瞻仰缅怀，发奋励志。碑文是黑龙江省委书记、省长、中顾委委员陈雷老前辈的墨宝。

鄂伦春乌力嫩

阿里河鄂伦春自治旗乌力嫩，始建于 2007 年，占地 3.6 万平方米，位于库图尔其广场南侧。建筑全部为传统民居"仙人柱"（撮罗子）的造型，装修风格以体现鄂伦春森林文化、桦皮文化、萨满文化为主。从空中俯瞰整个民俗村呈雄鹰展翅的形状，寓示着鄂伦春民族的腾飞。整个民俗村共有 48 座仙人柱，位于民俗村中心地带最大的"仙人柱"为演艺中心，直径 30 米，高 21 米，最多可容纳 300 人同时观看演出、就餐。

（阿里河鄂伦春自治旗乌力嫩）

多布库尔猎民村

多布库尔猎民村原为朝阳猎民村,是甘河流域鄂伦春的发源地之一,原为乌鲁布铁镇3个猎民村之一。2005年,内蒙古呼伦贝尔市阿里河鄂伦春自治旗委、政府积极争取了国家实施生态移民和易地扶贫移民工程项目,建设了朝阳猎民新村,新村坐落在大杨树镇西4公里处。2009年,旗委、政府根据朝阳猎民村所处的地理位置及综合因素,将其划归大杨树镇管辖。近10年来,在各级党委、政府和有关部门的重点帮扶下,兴建了民俗旅游、特色养殖、生态农业三大功能区,使猎民有了持续增收载体,民俗文化旅游备受关注和青睐。

内蒙古大杨树镇多布库尔猎民村

鄂伦春风情度假村

该度假村位于小兴安岭中麓,黑龙江伊春市友好区朝阳林场十一公里处,距伊春市中心区29.98公里。景区占地面积500公顷,始建于2018年,该景区是小兴安岭原始森林物种最齐全、地貌最为完整的地区之一,有小黄石公园之称。鄂伦春风情度假村有高达14米的雕塑主体大门。青绿色威武剽悍的鄂伦春猎人雕塑,有鄂伦春展览馆、马术表演和竞技场、水上游乐厅、民宿馆、野生动物园、兴安达子香园、采摘园、狩猎场、餐饮文化厅、鄂伦春式"撮罗子"、游览车等。在景区可观赏到野生放养的狼、野猪、狍子、鹿等动物,还可欣赏到一年四季的美景,品尝到鄂伦春美食——野猪宴及"雪山来客"野猪肉系列加工产品。让游客亲身感受鄂伦春先人们吃、住、行及生产和娱乐等生动有趣的画面,了解鄂伦春民族勤劳勇敢,生生不息,世代相传的民族精神,领略小兴安岭风光,分享鄂伦春文化的魅力,感受鄂伦春的豪爽。鄂伦春风情度假村荣获黑龙江省乡村旅游示范点,5A级景区,也是中央电视台多个频道录制节目基地。

"鄂伦春风情度假村"景区

"雪山来客"牌野猪肉系列产品

雪山来客集团公司是黑龙江省的"中国驰名商标企业"。位于伊春市友好区,成立于 2003 年。是国家级民营科技型企业、绿色食品加工龙头企业,承担国家高新技术产业化项目的企业。该公司根据鄂伦春人喜欢吃野味的习俗,研发了野猪肉系列食品。雪山来客意为从黑龙江走来,从黑土地、大森林、雪山里走来。雪山来客牌野猪肉系列产品有三大类:保健食品、菜肴食品、航空食品共 30 多个品种,如霸王菜、红扒野猪头、红烧肉、野猪肉珍品、狮子头山珍、野猪肉香肠、香熏肉、野猪肉护肤粉、野猪肉壮骨粉以及野猪肉分割肉大礼箱(野猪肉馅、野猪肉片、野猪五花肉),新研发一种新的旅游食品(野猪松仁香肠、香辣肉肠)等森林食品。雪山来客野猪肉系列产品,纯天然环境生长,肉的营

"雪山来客"系列产品

伊春市友好区"雪山来客"野猪宴

养元素全面，口感极香。高质量、高档次的美食，已家喻户晓，获得国家发明专利，黑龙江名宴。被广大游客视为珍稀礼品，得到越来越多的人们认可和喜爱，野猪宴已端上寻常百姓人家的餐桌，用野猪肉烹饪出来的每一道菜都是名菜。真可谓是美味鄂伦春，美味中国。

鄂伦春博物馆

鄂伦春博物馆位于内蒙古阿里河镇中心地带，始建于1991年，当时是三馆合一的建筑，即在一个建筑内包括了博物馆、图书馆、档案馆三个单位，故称"三馆"。建筑总面积2800平方米，博物馆只有一个400平方米的《鄂伦春狩猎文化》展厅。2001年建旗五十周年之际，旗委、旗政府投入了大量资金对博物馆及周边环境进行了全面改造，并将图书馆和档案馆两个单位迁出，博物馆改扩建后，总面积3200平方米，内设四个基本陈列和一个临时展厅，成为了一座综合性地方博物馆。博物馆周围是开阔的广场，广场占地面积21000平方米，名为"升华——仙人柱"雕塑矗立在博物馆后面的广场上，是鄂伦春民族文化的象征，鄂伦春猎人骑马出猎的高大铜雕塑像坐落在博物馆门前的广场上，代表了鄂伦春民族的英雄形象，博物馆就坐落在广场中央，成为了自治旗标志性建筑。

鄂伦春民族博物馆内，分为林海猎民、攫取经济、传统工艺、物质文化、精神文化五个部分，以实物形式直观地展现了鄂伦春民族在定居前的生活模式及狩猎文化。博物馆藏品文物1244（件套）。包括民族文物、鲜卑、历史文物和少部分革命文物。主要分成两大类，桦皮制品、兽皮制品。其他有木制类、骨器类、布制、石器、陶器类、皮革、铜器、铁器类、动物标本等。2004年11月，内蒙古自治区文化厅专家组来该馆对部分民族文物进行鉴定，有19件套民族文物鉴定为一级文物。2005年，呼伦贝尔市博物馆专家组来该馆鉴定二级文物37件、三级文物38件。2006年桦皮制品、兽皮制品，被国务院公布为第一批、第二批国家级非物质文化遗产名录。鄂伦春博物馆是自治旗重要文化窗口,起着收藏、保护、研究、宣传和弘扬民族文化、历史文化、风土人情等作用,是自治旗重要的爱国主义教育基地。

阿里河鄂伦春自治旗鄂伦春博物馆

鄂伦春冰雪伊萨仁

冰雪伊萨仁是鄂伦春语"冬季集合"之意。是将文化与旅游相融合的冬季旅游活动。每年 12 月至次年 3 月在内蒙古阿里河鄂伦春自治旗阿里河镇西山脚下嘎仙湖盛大开幕。

冰雪伊萨仁活动主要包括鄂伦春民俗部落展示,重建鄂伦春"仙人柱",力争用最真实的方式展示鄂伦春族原生态的生活状态;鄂伦春桦树皮、兽皮等制作技艺展演;由猎民做向导带领游客骑马巡山等活动,让游客"当一天鄂伦春猎民"。同时有雪滑梯、雪橇、雪上冲浪、冰爬犁、冰雪娱乐等项目,堆雪人、打雪仗、抽冰尜来体验儿时玩过的冰雪游戏,感受大自然带来的无尽乐趣。体育竞技交流,包括极具鄂伦春民间趣味的足球赛、拉棍、押加等活动和冰上游戏、冰上拔河、冰上推人、冰面障碍等其他活动。在冬季的兴安岭,让游客在山林里重温儿时戏雪的游戏,在冰雕的王国里浪漫畅游,更有鄂伦春马队、鄂伦春民俗技艺展、冬美"鄂伦春"摄影采风及各类休闲冰雪娱乐项目,让游客品味一场民族文化与生态交融的冰雪盛宴。

鄂伦春冰雪伊萨仁

鄂伦春冰雪伊萨仁

博奥韧广场和原始部落景区

博奥韧广场位于爱辉区新生鄂伦春族乡。该广场坐落在刺尔滨河与索尔奇翰河交汇处,始建于 2011 年,总投资 500 余万元,占地面积 13000 多平方米。可容纳上千人举行活动。

"博奥韧"鄂伦春语,意有灵气的深山。在氏族文化鼎盛时期,是鄂伦春人狩猎活动祭祀的神祇,现如今为鄂伦春族举办重大节庆活动的平台场所。该广场有鄂伦春族的景观建筑九重门,篝火点燃区,舞台演出及全套灯光、音响设施,这里集聚会、演出、游玩于一体,每年都在此地举行大型演出活动。

新生乡博奥韧广场

2012年作为黑龙江省"古伦木沓"(篝火)节主会场。2013年承办鄂伦春族下山定居60周年庆典活动。2014年作为中俄文化大集分会场,举办了天下鄂伦春的专场文艺演出。2015年"幸福鄂伦春"的篝火节在这里继续燃放了他的圣焰。2019年,爱辉区国家级非遗项目"古伦木沓"(篝火)节入选"中国农民丰收节"100个乡村文化活动。2020年和2021年分别举办了鄂伦春"古伦木沓"(篝火)节文艺演出和一些文体活动。

原始部落坐落于爱辉区新生鄂伦春族乡,是国家AAA级旅游景区。原始部落景区将北方古老游猎民族下山定居前的生活气息集中呈现在世人面前,真实地还原再现了鄂伦春独特魅力的地域文化。

这里有"乌力楞","斜人柱""奥伦"、山神"白那恰"等景区和景点,为原始部落体验区,可举行"古伦木沓"(篝火)节、山神祭祀仪式,斟酒敬山神、祈祷祝福。

第九章　民俗文化旅游

　　原始部落体验区由南北两个景区组成，莅临景色秀丽的刺尔滨河畔两侧，南景区以自然风光为主，可以将巍峨秀美的小兴安岭地貌轮廓尽收眼底。北景区以人文景观为主，将鄂伦春族下山定居前的原生态文化再现在世人面前。建有跨河索桥 1 座，盘山栈道 664.7 延长米，山涧吊桥 1 座，远眺观景台 1 座，总长 725.8 延长米，游步台阶 556 阶。是原始部落刺尔滨河最佳景观带。

"古伦木沓"（篝火）节

奥仑公园

　　奥仑公园位于塔河县 S207 与 X201 省道交汇处，是塔河的北入口，代表了城市形象，是入城的第一景观界面，区域位置十分重要。

　　北入口场地内将建有一处水体，形似花生，取名为玄武泉，是场地的重要景观点。用地南北长 820 米，东西宽 680 米，是道路交汇形成的夹角用地，场地内高差较大，高差约 6m，主要集中在公路检测站东侧区域。

　　塔河县奥仑公园始建于 2021 年，建设项目中心"以人为本"是设计

(塔河县"奥仑公园")

的宗旨,人性化设计贯穿在设计的各个领域。鄂伦春语音:奥伦博如坎,"奥仑"意为"仓库","博如坎"为"神"之意,"奥伦布堪"即北斗七星,是掌管和保护人间仓库的神或为保护仓库的女神。奥仑公园的创意生成基于鄂伦春的传统文化,同时又融入了星象文化,星象文化是设计中贯穿景观序列的一个主要体系。奥仑广场在临近湖边区域设置北极星阶梯座椅,按照星象图中的北斗七星与北极星的排布方式,将七星位置连成了景观路,起名为七星步道,每个星星的点位都对应一个图腾柱,此处也叫做七星图腾柱,北斗七星其形状像一只勺子,将勺子形成的四边形广场命名为奥仑广场,此处也是一处重要景点,设置了具有民族风格的张拉膜景亭。广场建有鄂伦春斜仁柱、"奥仑"仓库、鄂伦春猎人骑马等标志性建筑,与 X201 省道边上"兴安起源""玄武石牌"等交相呼应,成为塔河景观与民族文化旅游一个靓丽的风景线。

鄂伦春民族博物馆

鄂伦春民族博物馆于 2008 年建成，位于黑龙江省漠河市北极镇北方民族园内，占地面积 795 平方米，是根据鄂伦春民族自古祭拜的北斗七星和其原始住所"仙人柱"相结合，将博物馆设计成七个依次排列的"仙人柱"展厅。根据鄂伦春族的历史变迁和发展过程，主要以鄂伦春族的生产、生活为主线，将博物馆总体划分为七个展厅，主题分别是：兴安猎神、猎民人家、游猎兴安、神秘萨满、质朴民风、文体活动和崭新生活七个主题。在布展设计上，利用声、光、电等现代化的科技手段与原始的民族文化进行完美融合，对民族文化进行了全面展示。

参考文献

1. 王肯. 1956 鄂伦春手记. 长春：吉林人民出版社,2002.
2. 赵复兴. 鄂伦春族游猎文化. 呼和浩特：内蒙古人民出版社,1991.
3. 隋书今. 鄂伦春族民间故事选. 上海：上海文艺出版社,1988.
4. 徐昌翰、隋书金、庞玉田. 鄂伦春族文学. 哈尔滨：北方文艺出版社,1993.
5. 王卫华. 鄂伦春原生态文化研究. 哈尔滨：黑龙江人民出版社,2009.
6. 刘晓春、刘翠兰、刘晓红、刘军. 鄂伦春风情录. 成都：四川民族出版社,1999.
7. 关小云、王宏刚. 鄂伦春族萨满教调查. 沈阳：辽宁人民出版社,1998.
8. 关小云、王宏刚. 鄂伦春族萨满文化遗存调查. 北京：民族出版社,2010.
9. 关小云、王再祥. 中国鄂伦春族. 银川：宁夏人民出版社,2012.
10. 王丙珍、关小云、关红英. 鄂伦春族文学研究. 哈尔滨：北方文艺出版社,2014.
11. 内蒙古自治区编辑组,《中国少数民族社会历史调查资料丛刊》修订编辑委员会. 鄂伦春族社会历史调查. 北京：民族出版社,2009.
12. 于学斌. 鄂伦春游猎生活. 哈尔滨：黑龙江美术出版社,2003 年.
13. 档案史料选编. 黑龙江少数民族. 哈尔滨：黑龙江档案馆,黑龙江省民族研究所编,1985 年.
14. 张敏杰. 山林皮艺——兽皮文化研究. 哈尔滨：黑龙江人民出版社,2012.

后 记

1993年12月,在韩有峰、都永浩、魏春华等老师的帮助下,印刷了我的拙作《鄂伦春族风俗概览》。一个小得不能再小的"小册子"。我之所以称它为"小册子",因为文字数量少,仅有8万字,而且内容和篇幅少,简单明了。因没有经费,没能公开出版,是内部发行。当时出这本小册子是为了庆祝鄂伦春族下乡定居40周年。

我至今还记得时任黑龙江省民族研究所所长的都永浩的殷切希望:"这本书很有分量,有机会你再好好写,充实内容,力争再版,应该会成为传世之作。"而我并没有领会他的含义,只是觉得是对我一个基层民族工作者的鼓励和鞭策。后来这本小册子很受欢迎,尤其是行为道德、宗教信仰等诸多内容。引用和利用率很高,成为许多专家学者了解和研究鄂伦春文化的参考书和工具书,"小册子"发挥了"大"作用。

2018年有幸在阿里河鄂伦春自治族结识了山东聊城大学北冰洋研究中心主任曲枫教授,几经交谈,受益匪浅。2020年在全国流行新冠病毒,人们都在惶恐不安之际,曲教授打来电话,希望能够再版《鄂伦春族风俗概览》,并让他的学生把书稿中的文字转为电子版发给我,要求我再补充一些内容,使其更加完善。得到曲教授的帮助,我深受感动,终于有机会可以公开出版小册子,实现我多年的愿望。

我因忙于《十八站鄂伦春族乡志》的撰写和审稿工作。曲教授交给我的任务没能及时完成,又拖延了一段时间。而曲教授对我总是关爱有加,一次次包容和谅解。我觉得再不完稿,真是对不住曲教授。于是,我在两部书稿之间奔忙穿梭,利用早晚和双休日,走访调查或查阅资料,增加了婚姻丧葬、禁忌习惯法、节庆节气、民间民俗传说、民族文化旅游等诸多内容。为了不影响交稿,我儿子、儿媳帮我打字,配上精美的图片,使其书稿达到图文并茂、美观的效果。我想,只要好好努力,才能不辜负好心人的帮助。

对于只有语言而没有文字的鄂伦春族来讲,传统的文化、民风民俗、行为道德、信仰理念、一些行为规范和禁忌传承至今,实属不易。一些习俗和禁忌似乎有些不可思议,但实际上透露出人们对平安健康、美好生活的向往。习俗和禁忌也是一种文化载体,是民俗的体现,经验的总结,反映了人民大众的精神寄托。时过境迁,有的风俗习惯、禁忌随着社会的发展变化,已退出历史舞台被人们所淡忘。应该说,这些习俗和禁忌并非毫无道理,甚至蕴含着合理的思想内涵,很多习俗禁忌,既是教养,也是礼仪。

文化本来就是从生活中孕育出来的,每一个民族都有自己的传统文化。从古至今,民风民俗、交往礼仪、语言服饰、歌舞艺术、狩猎文化、萨满文化等,在鄂伦春族日常生活乃至历史中都发挥着作用。比如我们的传统节日鄂伦春篝火节,也称"古伦木沓节",如春节、元宵节、中秋节一样备受关注,具有独特的文化内涵,且越来越丰富;传统的节庆、饮食、文化体育都成为活态形式,有益的文化价值。深受百姓的欢迎,日益加强的民族礼仪礼节教育深入人心。鄂伦春与其他民族一样,感受到现代仪式感、庄重感、荣誉感、彰显中华各民族传统礼仪文化的时代价值。鄂伦春的承接传统习俗、道德观念、信仰文化、符合现代文明的要求,推动良好的言行举止和礼让宽容的社会风尚。鄂伦春地区新建的景区景点、文化与旅游是对鄂伦春文化最好的诠释。

中华上下五千年的传统文化,底蕴深厚,深植国人内心。鄂伦春传统文化、民风民俗、文明礼仪以及非物质文化遗产,在祖国大家庭中越来越受到重视。我可以自豪地说,传承鄂伦春文化,有希望、有未来。相信在不久的将来,随着民族教育的普及,文化传承保护的不断深入,传播交流协调的发展,具有民族特色、民族风格、民族气派的文化产品将更加丰富。文化是民族的血脉,复兴传统文化,我们责无旁贷。

后 记

再次感谢曲枫教授及好心人的无私帮助和支持。感谢山东聊城大学北冰洋研究中心的各位老师对鄂伦春文化的关心与厚爱,感谢中国社会科学院民族学与人类学研究所刘晓春研究员的关注与支持。感谢我的家人和朋友们的支持。

由于本人学识水平有限,书中难免有这样或那样的缺点和不足,希望读者批评指正,谢谢!

关小云

2021 年 10 月 1 日于塔河

图书在版编目(CIP)数据

鄂伦春族风俗概览/关小云,高文丽著. —上海：上海三联书店,2024.12. —(近北极民族研究丛书).
ISBN 978-7-5426-8770-8

Ⅰ.K892.324

中国国家版本馆CIP数据核字第2024046PK3号

鄂伦春族风俗概览

著　　者 / 关小云　高文丽

责任编辑 / 郑秀艳
装帧设计 / 一本好书
监　　制 / 姚　军
责任校对 / 王凌霄

出版发行 / 上海三联书店
　　　　　(200041)中国上海市静安区威海路755号30楼
邮　　箱 / sdxsanlian@sina.com
联系电话 / 编辑部：021-22895517
　　　　　发行部：021-22895559
印　　刷 / 上海惠敦印务科技有限公司

版　　次 / 2024年12月第1版
印　　次 / 2024年12月第1次印刷
开　　本 / 655mm×960mm　1/16
字　　数 / 200千字
印　　张 / 17.25
书　　号 / ISBN 978-7-5426-8770-8/K·817
定　　价 / 78.00元

敬启读者，如发现本书有印装质量问题，请与印刷厂联系 13917066329